Das polnische Kochbuch

KOMET

Inhalt

Inhalt

Vorspeisen

Suppen und Eintöpfe

Kartoffel und Mehlspeisen

Gerichte mit Ei

Fischgerichte

Fleischgerichte

Wild und Geflügel

Gemüse

Desserts

Vorwort

ALTE TRADITIONEN – NEUE GERICHTE

Wenn ich gut gegessen habe, ist meine Seele stark und unerschütterlich; daran kann auch der schwerste Schicksalsschlag nichts ändern.
Jean Baptiste Molière (1622 – 1673)

Polen – ein Land in der Mitte Europas: Wälder von unermesslicher Weite. Kornfelder soweit das Auge reicht. Flüsse, die mit ihrem Rauschen und Strömen den berühmten Komponisten Fryderyk Chopin zu manch einer Melodie inspiriert haben.

In Polen wird die Gastfreundschaft groß geschrieben. Nie wird ein Gast, erwartet oder uneingeladen, hungrig fortgeschickt. Für das gemeinsame Mahl wird aufgetischt, was die Küche hergibt. Vor allem an Feiertagen wie Weihnachten und Ostern oder bei Hochzeiten müssen sich die Tische biegen, sonst ist es kein richtiges Fest!

In früheren Zeiten haben der reiche Adel und das gehobene Bürgertum viel besser gespeist als die arme Landbevölkerung, die ihre Gerichte nicht mit importierten Zutaten und Gewürzen verfeinern konnte, sondern das aß, was das Land hergab, auch wenn dies gar nicht so wenig war, wie man der Chronik des Mönches Gallus Anonymus entnehmen kann, der zu Beginn des 12. Jh. Polen wie folgt beschrieb:

"Ein sehr waldiges Land, aber doch auch recht reich an Gold und Silber, Brot und Fleisch, Fisch und Honig ... ein Land, in dem die Luft gesund, die Äcker fruchtbar, der Wald honigreich, die Ritter tapfer, die Bauern arbeitsam, die Pferde ausdauernd und die Ochsen arbeitswillig sind, die Kühe fette Milch und die Schafe viel Wolle geben."

Damals wurde in den verschiedenen Schichten recht unterschiedlich gekocht, doch in der heutigen polnischen Küche haben die besten Gerichte des Adels, des Bürgertums und der Bauern sich kongenial vereint. Aber auch Einflüsse verschiedener Länderküchen und die jüdische Kochkunst sind in der polnischen Küche erkennbar. Im Laufe der wechselhaften Geschichte Polens wurde nicht nur in die Töpfe der direkten Nachbarn geschaut, sondern durch Eroberungen und Kriege, durch Handelsbeziehungen und Heiraten lernten polnische Köche Gerichte von Deutschen, Litauern, Russen, Österreichern, Mongolen, Türken, Schweden, Franzosen und Italienern kennen und lieben. So entstand eine Landesküche, die in ihrer kulinarischen Vielfalt ihres gleichen sucht.

Mit Bona beispielsweise, der zweiten Gemahlin von König Sigismund I. dem Alten (Zygmunt I. Stary, 1506 - 1548), einer Dame aus dem Geschlecht der Sforza, begann der Einfluss der italienischen Küche am polnischen Hof. Entsetzt darüber, wieviel Fleisch an der königlichen Tafel verschlungen wurde, lehrte Bona die Hofköche den richtigen Umgang mit frischem Gemüse, ließ Nudelgerichte servieren und wies die Hofgärtner an, Artischocken, Blumenkohl, Lauch, Salate und Spargel anzubauen.

Nach dem Ende der Jagiellonen-Dynastie im Jahre 1572 bestiegen Wahlkönige, die meist aus ausländischen Herrscherfamilien wie dem französischen Königshaus stammten, den polnischen Thron. Durch sie hielt die französische Art des Kochens Einzug, da die neuen Regenten in ihrem Gefolge auch ihre Köche mit an den Hof brachten.

Allerdings gab es nur wenige Adlige und Großbürger, die diese neue Art zu Kochen nachahmten. Das einfach Volk auf dem Land ernährte sich weiterhin von Getreide, Gemüse und Milchprodukten. Fleisch kam nur an hohen Feiertagen auf den Tisch. Man liebte frischen Fisch und Geflügel und vor allem Pilze, Nüsse und Waldbeeren, die reichlich in den ausgedehnten Wäldern zu finden waren.

Als Beilage wurde oft Brot gereicht, das seit jeher eine wichtige, beinahe schon religiöse Rolle inne hatte: Wurde ein neuer Laib angeschnitten, schlug man vorher ein Kreuzzeichen darüber. Auch die Grütze war seit jeher eine beliebte Speise: Aus ihr wurden sämige Suppen gekocht, sie wurde im Ofen gebacken, mit Speck, Butter, Öl und Käse angerichtet und mit Soße übergossen zu Fleischgerichten gereicht. Heutzutage ist die Kartoffel, die in den sandigen Böden Polens gut gedeiht, eine beliebte Beilage.

Das Bierbrauen hat eine lange Tradition in Polen und war ein wichtiger und streng behüteter Wirtschaftszweig. Schon im Mittelalter gab es überregional bekannte Sorten. Damals wie heute wird es fast zu jeder warmen Mahlzeit getrunken. Man liebt Bier einfach über alles. Bis heute ist polnisches Bier weit über die Grenzen berühmt.

Auch die vielen Mineralwasser, die in den polnischen Kurbädern genossen werden können, erfreuen sich größter Beliebtheit. Sie enthalten natürliche Kohlensäure, sind stark mineralhaltig und wirken erfrischend und belebend.

Doch das Lieblingsgetränk der Polen ist der Wodka, das "klare Wässerchen" – so die eigentliche Bedeutung des Wortes. Weit über 20 verschiedene Sorten sind heute auf dem Markt. Einzigartig ist der Dubrowka, der durch einen Halm Büffelgras seine außergewöhnliche Note erhält. Ein besonders feiner Tropfen ist der Luksusowa. Mild und von seltener Würze überzeugt er im Geschmack. Der hochprozentige Siwucha (oder "Schwarzmarkt") ist das genaue Gegenteil: Sein Geschmack und seine Wirkung ist nur etwas für Hartgesottene. Eine Krakauer Spezialität ist Starka Krakowska, ein Wodka der mehrere Jahre im Eichenfass lagert, dadurch eine braun-goldene Tönung und ein angenehm mildes Aroma annimmt. Cymes und Jankiel, beide koscher gebrannt, passen vorzüglich zur den reichhaltigen jüdischen Gerichten der polnischen Küche.

Dank ihrer langen Tradition und der Übernahme neuer Kochmethoden ist die polnische Küche von heute ein Erlebnis der Spitzenklasse. Denken Sie nur an die pikant eingelegten Pilze und Früchte. Genießen Sie einen Teller Bigos, ein Eintopfgericht aus Wurst, Sauerkraut und Kohl, oder Barschtsch, eine klare Rote-Bete-Suppe. Probieren Sie einmal Buchweizengrütze und gefüllte Piroggen, kleine Teigtäschchen, für deren Füllung jede Hausfrau ihr eigenes Rezept hat. Ein auf polnische Art zubereiteter Karpfen ist eine Spezialität, die Sie in den Feinschmeckerrestaurants auf der ganzen Welt finden. Aber auch die typischen Kuchen wie Mohnrolle, Marzurek oder Placek sollten Sie unbedingt ein-

Wir waren bestrebt, aus allen Regionen Polens die besten, schmackhaftesten und typischen Speisen zusammenzutragen, wobei wir vor allem auf die Ursprünglichkeit und Echtheit der Rezepte geachtet haben. Mit unserem Kochbuch lernen Sie die echte polnische Küche kennen – und wie wir hoffen auch lieben.

Die in diesem Kochbuch aufgeführten Rezepte sind einfach nachzukochen. Es müssen keine exotischen Zutaten oder spezielle Küchengeräte besorgt werden. Je aufwändiger die Zubereitung der Gerichte ist, desto größere kulinarische Genüsse erwarten Sie.

Lassen Sie sich auf die polnische Küche ein. Wir versprechen Ihnen, dass es sich lohnt! Wenn Sie sich bei der Lektüre dieses Kochbuches schon mit einem Gläschen polnischen Wodka oder einem frischen "Piwo" (Bier) einstimmen, umso eher wird sich Ihnen die Vielseitigkeit der echten polnischen Küche mit all ihren Genüssen erschließen.

Smacznego! Guten Appetit!

Die polnische Esskultur

Welch eine wichtige Rolle Gastfreundschaft und Großzügigkeit bereits bei der Gründung des Staates Polen spielten, ist in der Chronik des Gallus Anonymus nachzulesen. Die erste Geschichte muss wohl eher dem Reich der Legende zugeordnet werden, die zweite jedoch ist historisch verbürgt:

Piast, ein einfacher Bauer aus dem Gesinde des Fürsten Popiel, richtete mit seiner Frau Rzepka ein für ihre Verhältnisse üppiges Gastmahl aus. Anlass war die Aufnahme ihres Sohnes Siemowit in die Gemeinschaft der Männer; ein Ritual, bei dem dem Knaben die Haare geschnitten wurden. Zur selben Zeit wurden auch die beiden Söhne des Fürsten Popiel während eines rauschenden Festes in die Gemeinschaft aufgenommen.

Zwei geheimnisvolle Wanderer, denen der Fürst die Tür gewiesen und die Gastfreundschaft versagt hatte, fanden herzliche Aufnahme im Hause des Piast. Die Hausherrin Rzepka ließ es den beiden Fremden an nichts fehlen. Zum Dank für die freundliche Aufnahme ließen die Wanderer alle Speisen und Getränke, die aufgetischt wurden, sich auf wunderbare Weise vermehren. Dies rief bei allen Gästen großes Erstaunen hervor.

Zur Beruhigung seiner Gäste und seiner selbst ließ Piast ein "Fässchen gut gegorenes Bier" anschlagen. Das Wunder wiederholte sich, denn das Fässchen wurde nicht leer. Die Gäste liehen sich sogar bei Nachbarn Gefäße, um das nicht versiegende Bier aufzufangen.

Nach der Vertreibung des unbeliebten – und ungastlichen – Popiel begründete der junge Siemowit die Königsdynastie der Piasten, die bis 1370 auf dem polnischen Thron saßen. Das Wunder, das sich bei seinem Mannbarkeitsritual ereignete, ließ ihn als würdigen Nachfolger Popiels erscheinen.

In der zweiten Geschichte beschreibt Gallus Anonymus die Festlichkeiten, die Fürst Boleslaw der Tapfere im Jahre 1000 anlässlich des Besuches von Kaiser Otto III. in der damaligen polnischen Hauptstadt Gniezno ausrichtete.

Der Kaiser befand sich auf Pilgerfahrt zum Grab des hl. Adalbert. Otto III., ein junger Mann voller Fantasie, schwebte ein römisches Kaiserreich vor, das alle Völker Europas gleichberechtigt unter seinem Zepter als weltlicher Statthalter Christi auf Erden vereinen sollte. In Fürst Boleslaw erhoffte er sich einen Mitstreiter für seine nach damaligen Verhältnissen revolutionäre Idee.

Das von Boleslaw inszenierte Fest war ein voller Erfolg. Der Kaiser war so begeistert, dass er sein Kaiserdiadem vom Kopf nahm, es Boleslaw aufsetzte und rief: "Bei der Krone meines Kaiserreichs! Was ich sehe, ist mehr als man mir verkündet hat! Es steht einem solch großen Manne nicht an, dass er Fürst oder Graf genannt wird, sondern es geziemt sich, ihn rühmlich auf den Königsthron zu erheben und ihm die Krone auf das Haupt zu setzen."

Danach schenkte er Boleslaw noch einen Nagel von Kreuze Christi und die Lanze des hl. Mauritius. Als Dank erhielt Otto III. von Boleslaw die Siegesfahne und den Arm des hl. Adalbert – eine kostbare Reliquie.

Das Fest dauerte drei Tage und Nächte und es wurde ein "wahrhaft königliches und kaiserliches Gastmahl ausgerichtet". Die Speisen kamen in goldenen und silbernen Schüsseln auf die Tafel. Zuerst wurden leichte Gerichte serviert: Barschtsch mit Öhrchen, Wurst und Blätterteigpasteten, die mit Fleisch oder Gemüse gefüllt waren.

Dann trugen mehrere Diener eine wahre Bratenpyramide herein. Eine riesige Schüssel enthielt im unteren Teil feinsten Rinderbraten; darauf lagen kunstvoll angeordnet gebratene

Kalbsviertel. Die nächste Lage bestand aus Geflügel, das nach seiner Größe angeordnet war: Puten, Gänse, Kapaune, Hühnchen, Rebhühner und als Abschluss Schnepfen.
Erlesene Desserts rundeten das Mahl ab. Es gab Konfitüre, feinsten Kuchen und Früchte aus der Orangerie.
Dieses Festmahl stellte sichtlich jeden zufrieden! Den jungen Kaiser zumindest bewegte es dazu, Boleslaw zum König zu erheben, ihn zum Mitverwalter seines Kaiserreiches zu ernennen und ihn von nun an als seinen Freund zu bezeichnen.

Weiter wird berichtet, dass die Küche am gastlichen Hof des Königs Boleslaw dem Tapferen nicht nur an Festtagen üppig, reichlich und großartig war. Bis zu 40 Hauptspeisen, die kleinen Vor- und Zwischengerichte nicht gerechnet, kamen jeden Tag auf den Tisch. Er stellte dafür seine eigenen Vorräte zur Verfügung, bezahlte alles aus seinem eigenen Vermögen und bediente sich niemals aus anderen Quellen.

Ein zeitgenössischer polnischer Aristokrat beschrieb in seinem Tagebuch das ganz normale Alltagsmahl eines Edelmanns: Sauermehlsuppe, Barschtsch in Tassen, mit Käse gefüllte Piroggen, Pute in brauner Soße, Hecht in Aspik, zum Dessert Früchte: Pfirsiche, Aprikosen, Äpfel und Weintrauben aus der eigenen Orangerie.

Doch wie sah die Küche des einfachen Volkes aus? Da gab es einfache Speisen wie Pellkartoffel mit Quark oder Leinöl. Mit Backobst zauberten die Hausfrauen süße Speisen. Fallobst wurde vom Boden aufgelesen, zu Mus verkocht und zu Kartoffelpuffern gereicht.

War eine Obsternte reichlich, wurden die Früchte auch getrocknet, das heißt, sie wurden zum "Darren" ausgelegt. Die Darre bestand aus einem Holzrahmen, der mit einem Drahtgitter bezogen war. Das Obst wurde darauf ausgebreitet und an der Luft im Schatten getrocknet. Danach kam es zum Aufbewahren in Leinensäckchen. Eingeweicht und gekocht war es eine wunderbare Zugabe zu vielen Gerichten. Das so genannte "Schlesische Himmelreich" besteht zum Beispiel aus Kartoffelklößen, Räucherfleisch und Backobst. So simpel es klingt, dieses Gericht ist eine Köstlichkeit erster Güte.

Die riesigen Wälder lieferten Pilze in Hülle und Fülle. Man verfuhr mit ihnen wie mit dem Obst. Die Pilze wurden mit einem Pinsel geputzt, in feine Scheiben geschnitten und auf einem Leinentuch zum "Darren" auf dem Rahmen ausgebreitet. Oder man fädelte sie auf lange Bindfäden, an denen sie wie Girlanden unter den Schindeldächern schwebten und ihren aromatischen Duft verbreiteten. Getrocknet wurden sie in Säckchen gefüllt und wanderten als Wintervorrat unter das Dach.

Klöße in jeder Form waren und sind heute noch sehr beliebt. An ihnen kann man den böhmisch-schlesischen Einfluss auf die polnische Landesküche erkennen: Hefeklöße, die in ein Leinentuch gewickelt über Dampf garen, oder Kartoffelklöße, mit Eiern und ausgebratenen Speckwürfelchen verfeinert. Serviettenknödel sind eine besondere Spezialität: in eine Leinenserviette gewickelt garen sie im Wasserbad zu einer luftigen Herrlichkeit. Nach dem Garen werden sie in Scheiben geschnitten und an Festtagen zum Fleisch oder in der Woche zu Backobst gegessen. Reste eines Serviettenknödels können in der Pfanne mit Butter goldbraun gebraten werden und ergeben in Kombination mit einem Salat wieder eine vollständige Mahlzeit.

Die in Schlesien allseits beliebten Mohnklöße oder den Mohnkuchen gab es früher wirklich nur an hohen Festtagen. Schon Wochen vorher wurde in der Speisekammer in separaten Töpfen alles überschüssige Fett, Mehl und Zucker gesammelt. Den Mohn nahm man direkt vom Feld. Nur ganz frisch durfte er verwendet werden, denn alter Mohn schmeckte bitter und ranzig. Obwohl man von Mohn angeblich dumm wurde, wurden die feinsten Speisen daraus bereitet. Für die Füllung wurde Mohn gemahlen, Mandeln gehackt und alles mit Rosinen vermischt. Der Tortenboden und der Rand wurden hauchdünn ausgewalkt. Darauf kam nun die üppige Füllung. Der Duft dieses Backwerks läutete den Beginn eines Festtags ein.

Die Kartoffel wurde erst im 18. Jahrhundert in Polen heimisch. Wo es Kartoffeln gab, stand oft auch ein Schwein im Stall. Dann gab es früher oder später auch Speck. Der wiederum wurde geräuchert und ist aus der gesamten polnischen Küche nicht wegzudenken. Knusprig gebraten kommt er in den Kartoffelsalat. Kleine ausgebratene Speckwürfelchen wurden über den Blattsalat gestreut. Hering mit Bohnen ohne geräucherte Speckscheiben wäre undenkbar.

Bei all den wunderbaren Speisen dürfen natürlich die Gewürze und Kräuter nicht vergessen werden. Durch die Reiselust der Adligen und die vielen Handelsbeziehungen kamen Gewürze aus aller Welt nach Polen. Hier verliefen die Handelsrouten des Altertums – wie die Bernsteinstrasse –, die mit Handelszentren wie Rom und Byzanz verbunden waren.

In Mainz befand sich im Mittelalter die Zentrale des Gewürzhandels für Nord- und Osteuropa. Ein jüdischer Kaufmann und Diplomat aus Spanien besuchte im Jahre 973 diese Stadt, um Kontakte zu den großen Handelshäusern aufzunehmen. Die großen Vorräte an Pfeffer, Ingwer, Nelken und anderen Gewürzen erstaunten ihn sehr, wusste er doch, dass diese Gewürze nur im fernen Osten wuchsen. Es wäre schon erstaunlich, wenn polnische Köche sich nicht für diese Gewürze interessiert hätten, wurden sie doch auf den Handelsrouten praktisch an ihnen vorbei getragen ...
Zu den beliebtesten Kräutern gehören Dill, der zum Gurkensalat oder zum Prager Tafelspitz nicht fehlen darf, Petersiliengrün, Petersilienwurzel, Schnittlauch, Bärlauch, Knoblauch und Meerrettich.

Zum Süßen der Speisen wurde meist Honig verwendet, der in den Wäldern von wilden Bienen gesammelt wurde. Inzwischen steht Zucker an erster Stelle. Aus Honig wird heute der "Bärenfang" hergestellt, ein nicht nur bei Touristen beliebtes Getränk. Es besteht je zur Hälfte aus Honig und hochprozentigem Schnaps. Zu seinem Namen kam das Getränk durch Jäger aus Masuren, die diese Mixtur in den Wäldern aufstellten, um Bären in die Falle zu locken. Betäubt und betört von der süßen Nascherei, war es den Jägern ein Leichtes, den Bären zu fangen und zu erlegen.

GETRÄNKE IN DER POLNISCHEN KÜCHE

Bier zählte früher zu den Grundnahrungsmitteln. Es wurde nicht nur zum Durstlöschen getrunken, sondern auch zum Kochen verwendet. Biersuppe mit Weißkäsestückchen oder gerösteten Brotstückchen wurde schon zum Frühstück gegessen. Es wurde in so hohem Maß Bier konsumiert, dass es fast in jedem Haushalt selbst gebraut wurde.
Schon früh entstanden die ersten großen Bierbrauereien, die sich bald zu einem wichtigen Wirtschaftszweig entwickelten. Bereits im 15. Jh. gab es in Krakau eine Bierbrauerzunft, die die einzelnen Brauereien überwachte. Die Rezepturen wurden sorgsam gehütet. Nur das beste Wasser, Gerste, Hopfen und Hefe durften zum Brauen verwendet werden.
Im Mittelalter galt, dass der Genuss von Bier das Fasten nicht brach. Daher hatten die Klosterbrauereien in ihrem Ausschank in der Fastenzeit viel zu tun und die berühmte Biersuppe "Gramatka" stand auf jedem Speiseplan.
Jan Dlugosz (1415-1480), ein bedeutender polnischer Geschichtsschreiber, berichtet in seinen

Schriften vom Fürsten Sandomierz (1186-1227), der den Papst inständig bat, ihn von der Pilgerfahrt ins Heilige Land zu befreien. Sein Hauptargument war, dass im Heiligen Land weder Bier noch Met erhältlich seien. Und er, Fürst Sandomierz, tränke halt nichts anderes ... Der Papst, selbst ein großer Freund dieser beiden Getränke, war schnell überzeugt und erteilte dem Fürsten die gewünschte Lossprechung.

Neben Bier und Met wurde auch Wein getrunken, der jedoch meist aus dem Ausland kam. Es gab zwar einige wenige Gegenden, in denen Wein aus Trauben gekeltert wurde, doch lohnender war die Herstellung von Obstweinen, da hierfür die Zutaten reichlich vorhanden waren. Gesüßt mit Honig erhielt man ein schmackhaftes Getränk.

Im Jahre 1598 gründete der Holländer Ambrosius Vermöllen das Restaurant Pod Lososiem ("Der Lachs") mit einer im Keller gelegenen Likörfabrik, in der verschiedene Liköre und seit 1606 das berühmte Danziger Goldwasser hergestellt wurden. Dabei handelt es sich um einen Anisschnaps, dem unter anderem Kalmuswurzel, Enzianwurzel, Pfefferkraut, Grindkraut, Ginsterbeeren, Baldrianwurzel, Weinraute, Kurkuma, Sandel- und Rosenholz zugesetzt wurden. Seine besondere Note erhält der Likör durch die in der Flüssigkeit schwebenden hauchdünnen Goldplättchen.

Einer Legende zufolge inspirierte der Neptunbrunnen, der heute noch vor dem Artushof steht und der Danzigs Seemacht versinnbildlicht, Ambrosius Vermöllen zu dieser Rezeptur: Eines Tages sprudelte angeblich Wein statt Wasser aus dem Neptunbrunnen. Begeisterte Bürger warfen Goldmünzen in den Brunnen. Als sie später versuchten, ihre Taler wieder herauszufischen, verschütteten sie dabei den köstlichen Wein. Meister Ambrosius sah dies mit großer Empörung und rief Neptun um Hilfe an. Da stieg der Meeresgott von seinem Sockel und vermischte die Goldtaler mit dem Wein. Einige Tropfen dieser köstlichen Verbindung gerieten dabei auf Ambrosius' Lippen. Diesem gefiel der Geschmack. Seither serviert man im "Lachs" das berühmte Getränk mit den schwebenden Goldflöckchen.

Ostsee
Bromberg
(Bydgoszcz)
Polen
Deutschland
Posen
(Poznán)
Breslau
(Wrocław)
Oder
Riesengebirge
Waldenburg
(Wałbrzych)
Tschechische Republik

Litauen
Elbing
(Elblag)
Allenstein
(Olsztyn)
Spirdingsee
Weißrussland
Białystok
Warschau
(Warszawa)
Weichsel
Lodz
(Łódź)
Radom
Lublin
Kielce
Tschenstochau
Kattowitz
(Katowice)
Krakau
Rzeszów
Tarnów
Bielsko-Biała
Beskiden
Ukraine
Slowakische

Vorspeisen

Vorspeisen

Die polnische Vorspeisentafel bietet vielerlei Überraschungen. Sie ist so vielseitig und abwechslungsreich, dass man sich gut und genüsslich satt essen kann.

Sie umfasst Salate, kleine Fleisch- und Fischgerichte und Suppen von feinster Konsistenz und herzhaftem Geschmack. Die Kunstfertigkeit der Speisenbereitung kommt nicht von ungefähr. Mit der polnischen Königin Bona Sforza kam italienische Küchenkunst an den polnischen Hof.

Die Königin war italienischer Herkunft, und so lehrte sie die Küchenmeister den rechten Umgang mit Gemüse, Nudeln und Kräutern. Der nächste große Einfluss ist jüdischer Natur. Durch ihn kamen kalte Platten, Fische in Aspik, gefüllte Eier und vieles mehr auf den Tisch.

Heute serviert man in einer Woche ohne hohe Feiertage oder feierliche Anlässe keine Vorspeisen. Aber wenn der Kalender danach ruft und besondere Feierlichkeiten anstehen, lässt der polnische Küchenkünstler, ob weiblich oder männlich, nichts aus um sein kulinarisches Repertoire zu zeigen.

Sałatka śledziowa w świeżym koperkiem

HERINGSSALAT MIT FRISCHEM DILL

FÜR 4 PERSONEN

4 Matjesfilets
150 g Salatgurke, gewaschen, gewürfelt
2 Frühlingszwiebeln, geputzt, in feinen Ringen
1 Essiggurke, gewürfelt
2 Äpfel, geschält, ohne Kerngehäuse in dünne Spalten geschnitten
1 El Zitronensaft
1El Weißweinessig
4 El saure Sahne
1 El süße Sahne
Weißer Pfeffer aus der Mühle
2 El Dill, frisch gehackt
2 El Walnüsse, gehackt

Die Fischfilets kurz mit kaltem Wasser abspülen, trocken tupfen. Vorhandene Gräten entfernen und in mundgerechte Stücke schneiden. In eine Schüssel füllen. Mit den anderen gewürfelten Zutaten mischen. Den Zitronensaft darüber träufeln.

Weißweinessig, saure und süße Sahne mit weißem Pfeffer vermischen und mit dem Dill über den Heringsalat gießen und gut unterheben. Im Kühlschrank eine Stunde ziehen lassen.

Zum Servieren mit den Walnusskernen bestreuen.

Kulki z twarogu z czosnkiem

QUARKKUGELN MIT KNOBLAUCH

FÜR 4 PERSONEN

250 g Quark
2 Knoblauchzehen, gepresst
2 El glatte Petersilie, gehackt
Weißer Pfeffer
Salz
2 El Mandelblättchen

Ein Sieb mit einem Leinentuch auslegen. Quark hineingeben. Einige Zeit abtropfen lassen. Die Enden vom Leinentuch zusammennehmen, umeinander winden und den Quark möglichst trocken auswringen.

Mit dem gepressten Knoblauch, Petersilie, Pfeffer und Salz würzen. Mit einem Teelöffel kleine Portionen abstechen. Mit feuchten Händen kleine Kugeln formen und in den Mandelblättchen wälzen. Auf einem Teller anrichten.

Schmeckt zu herzhaftem Roggenbrot.

Owczy ser z ikrą pstrąga

SCHAFSKÄSE MIT FORELLENKAVIAR

FÜR 4 PERSONEN

200 g Schafskäse
100 g Crème fraîche
1 Prise Safran
2 El Forellenkaviar (roter Kaviar)
1 El glatte Petersilie, fein gehackt
8 kleine Scheiben Weißbrot

Den Schafskäse mit der Gabel fein zerdrücken. Nach und nach die Crème fraîche unterheben, so dass eine geschmeidige Paste entsteht. Safran, Forellenkaviar und die gehackte Petersilie untermischen. Dabei dürfen ruhig einige Kaviarkugeln zerdrückt werden.

Weißbrot rösten und mit der Creme bestreichen. Mit einem gekühlten Wodka eine Hochgenuss.

Krem z pstrąga

FORELLENCREME

Diese Creme ist einfach und schnell zubereitet und entlockt allen, die sie kosten, begeisterte Rufe. Sie schmeckt sehr gut auf frischem Roggenbrot oder zu einer Ofenkartoffel.

2 geräucherte Forellenfilets
50 g eiskalte Butter
1 Zwiebel, fein gehackt
1 El glatte Petersilie, fein gehackt
Weißer Pfeffer aus der Mühle
Salz

Alle Zutaten in den Mixer füllen und zerkleinern. Abschmecken, in eine kleine Glasschale füllen und bis zum Verzehr in den Kühlschrank stellen.

Słone śledzie w śmietanie

SALZHERING IN SAHNESOSSE

FÜR 4 PERSONEN

4 Heringsfilets
1 Becher saure Sahne
200 ml Sahne
2 El Dill, frisch gehackt
1 Zwiebel, in feine Ringe geschnitten
1 Msp. gemahlene Nelken
1 Msp. gemahlener Piment
Weißer Pfeffer aus der Mühle

Die Heringsfilets wässern, trocken tupfen und in mundgerechte Stücke schneiden. In einer Schüssel die anderen Zutaten miteinander vermischen. Die Fischstücke vorsichtig unterheben und einen Tag im Kühlschrank ziehen lassen.
Als Vorspeise mit Brot reichen (4 Portionen), als Hauptgericht (2 Portionen) mit kleinen Pellkartoffeln servieren.

Sałatka śledziowa z burakami

FISCHSALAT MIT ROTER BETE

FÜR 4 PERSONEN

300 g Kabeljaufilet
400 ml Fischfond (aus dem Glas)
1 große Kartoffel
1 große Rote Bete
1 Senfgurke, klein gewürfelt
1 kleine Salatgurke, gewürfelt, ohne Kerne
1 Bund Schnittlauch, in feine Röllchen geschnitten
200 g saure Sahne, glatt gerührt
1 El geriebener Meerrettich (aus dem Glas)
Salz
Weißer Pfeffer aus der Mühle

Das Fischfilet in einen Topf legen und mit dem Fond begießen. Bei kleiner Flamme 5-7 Minuten köcheln. Das Fischfleisch muss fest bleiben. Fisch aus dem Fond heben und abkühlen lassen. Die ungeschälte Kartoffel mit der Roten Bete in einen Topf geben, knapp mit Wasser bedecken. Nach 30 Minuten Kochzeit die Kartoffel herausholen. Die Rote Bete weitere 30 Minuten köcheln. Gemüse unter kaltem Wasser abschrecken, schälen und fein würfeln.

Senfgurke, Salatgurke, saure Sahne, Meerrettich, Salz und Pfeffer in eine Schüssel füllen, gut vermischen. Die Kartoffel- und Rote Betewürfel unterrühren.

Das Fischfilet von Gräten befreien, in kleine Stücke zerteilen und vorsichtig unter die übrigen Zutaten heben. Mit Pfeffer und Salz abschmecken. Über Nacht im Kühlschrank ziehen lassen. Mit frischem Weizenbrot und einem kalten Wodka servieren.

Filet wieprzowy w galarecie z lisci bobkowych

SCHWEINEFILET IN LORBEERGELEE

FÜR 4 PERSONEN

700 g Schweinefilet
Weißer Pfeffer aus der Mühle
Salz
1 El Butterschmalz
250 ml Weißwein
4 Lorbeerblätter
1 Zwiebel, geviertelt
10 g Gelatine, gemahlen

Das Schweinefilet von Sehnen und Häuten befreien. Pfeffern, salzen und im Butterschmalz von allen Seiten anbraten. Den Weißwein angießen, Lorbeerblätter und die Zwiebel zufügen und ca. 15-20 Minuten leise köcheln lassen.

Das Fleisch aus den Fond heben, abkühlen lassen und in Scheiben schneiden. Auf einer Platte anrichten.

Den Fond durch ein Sieb gießen. Wieder in die Pfanne geben und die Gelatine unterrühren.

Sobald der Fond zu gelieren beginnt die Fleischscheiben damit überziehen. Im Kühlschrank fest werden lassen.

Zupa z królika

KANINCHENTERRINE

Dies ist ein Rezept für 12 Portionen.
Es eignet sich vorzüglich für ein Vorspeisenbüffet und lässt sich sehr gut vorbereiten.

500 g Schweinebauch ohne Schwarte
500 g Kaninchenfleisch
200 g Geflügelleber
2 Zwiebeln,
1 Petersilienwurzel
2 Brötchen vom Vortag, in Wasser eingeweicht
2 Eier
Salz
Schwarzer Pfeffer aus der Mühle
1 Tl Piment, gemahlen
Muskatnuss, frisch gerieben

10 Scheiben fetter Speck
3 Lorbeerblätter

Schweinebauch, Kaninchenfleisch und Geflügelleber durch die feine Scheibe vom Fleischwolf drehen und in eine große Schüssel füllen.
Die Zwiebeln und die Petersilienwurzel auf der Küchenreibe in die Schüssel reiben. Die Brötchen gut ausdrücken, mit den beiden Eiern in die Schüssel geben. Mit Salz, Pfeffer, Piment und Muskat herzhaft würzen. Mit den Händen alle Zutaten gut vermischen.
Die Terrinenform mit den Speckscheiben so auslegen, dass der Speck über den Rand hängt.
Die Masse einfüllen, glatt streichen und die Enden der Speckscheiben darüber zusammen legen. Die Lorbeerblätter dekorativ darauf anordnen. Ein Stück Backpapier passend ausschneiden, drauflegen und andrücken. Die Terrine mit Alufolie verschließen.
In einen ausreichend großen Topf stellen und mit kochendem Wasser bis 3 cm unter dem Rand auffüllen. 90 Minuten bei kleiner Flamme auf dem Herd im Dampfbad garen.
Danach die Terrine aus dem Wasser heben, ein Gewicht (Stein) auf den Inhalt legen, abkühlen lassen und über Nacht in den Kühlschrank stellen.
Zum Servieren das ausgetretene Fett wegkratzen. Die Form stürzen und den Inhalt in Scheiben schneiden.

Jajka nadziewane

GEFÜLLTE EIER

FÜR 4 PERSONEN

5 Eier
30 g Kräuterbutter
2 El saure Sahne
2 El Schnittlauch in feinen Röllchen
1 Tl Senf
Weißer Pfeffer aus der Mühle
Salz
3 El Semmelbrösel
Butterflöckchen
1 Paket Salz für die Form

Die Eier ca. 10 Minuten hart kochen. Mit einem scharfen Messer die Eier in der Schale der Länge nach durchschneiden. Eventuelle Eierschalenstückchen wegwischen. Die Eihälften aushöhlen, den Inhalt fein hacken. Mit Kräuterbutter, saurer Sahne, Schnittlauch, Senf, weißem Pfeffer und Salz würzen. Mit einer Gabel alles gründlich vermischen.

Die Masse in die Eihälften zurück füllen, mit Semmelbrösel bestreuen, Butterflöckchen aufsetzten.

Eine Auflaufform mit dem Salz ausstreuen, die Eihälften hinein setzen und im auf 200 °C vorgeheizten Backofen 10 Minuten backen.

Zum Anrichten die Eihälften in ein Salatbett setzen.

Ozór wieprzowy w sosie beszamelowym

SCHWEINEZUNGE IN GELEE

FÜR 4 PERSONEN

600 g Schweinezunge
(Beim Metzger vorbestellen und putzen lassen)
1 Stange Porree, geputzt
1 Möhre, geputzt
1 Stück Knollensellerie, geschält
1 Zwiebel, ungeschält
1 Tl Tomatenmark
1 Eiweiß
10 g Gelatine, gemahlen
Salz
Weißer Pfeffer aus der Mühle
1 El Zitronensaft
1 Dillgurke, in dünne Streifen geschnitten
1 Bund Petersilie

Die Zunge unter kaltem Wasser abwaschen, mit dem Suppengrün und der Zwiebel in einen ausreichend großen Topf geben und mit Wasser bedeckt ca. 2 Stunden köcheln lassen.
Die Zunge aus dem Sud heben und kalt abschrecken. Die Außenhaut und den Rachenansatz abschneiden und entsorgen.
Die Zunge schräg in 1 cm dicke Scheiben schneiden und auf einer Platte anrichten.
Von der Brühe 250 ml abschöpfen und mit Tomatenmark und Eiweiß in einem Topf aufkochen. Die Gelatine einrühren und noch einmal aufkochen. Den Sud durch ein Tuch abseihen. Mit Salz, Pfeffer und etwas Zitronensaft abschmecken und erkalten lassen.
Die Zungenscheiben mit Gurkenstreifen und Petersilie dekorieren und mit dem langsam erstarrenden Gelee überziehen. Im Kühlschrank fest werden lassen.
Mit Remouladensoße servieren.

Für die Remouladensoße

300 g Majonäse (Fertigprodukt)
4 El Sahne
1 El Senf
3 El Schnittlauchröllchen
3 Cornichons, gewürfelt
1 hart gekochtes Ei, gewürfelt
Weißer Pfeffer aus der Mühle
Salz

Alle Zutaten miteinander vermischen, in eine Glasschale füllen und zur Zunge reichen.

Golonka w galarecie

EISBEIN IN ASPIK

FÜR 4 PERSONEN

2 Eisbeine ca. 1,2 kg (mit Knochen und Schwarte)
300 g Suppengrün, grob gewürfelt
1 Tl Pimentkörner
1 Lorbeerblatt
Salz
1 El Tomatenmark
2 Eiweiß
6-8 Blatt Gelatine
Schwarzer Pfeffer aus der Mühle
1 El Zitronensaft

Die Eisbeine unter kaltem Wasser abwaschen. Mit Suppengrün, Pimentkörnern und Lorbeerblatt in einen ausreichend großen Topf legen. Mit Wasser bedecken, salzen, aufkochen und auf kleiner Flamme eine Stunde köcheln.

Die Eisbeine aus dem Kochsud heben und erkalten lassen. Das Fleisch von den Knochen lösen, Fleisch und Schwarte in kleine Würfel schneiden und in eine Kastenform füllen.

Den Kochsud mit Tomatenmark und Eiweiß aufkochen, durch ein Tuch abseihen. Von der Brühe 500 ml abnehmen, die Gelatine darin auflösen und mit Pfeffer, Salz und Zitronensaft abschmecken. Über das Fleisch in der Kastenform gießen und alles gut vermischen.

Die Form mit Folie abdecken und zum Erstarren über Nacht in den Kühlschrank stellen.

Am nächsten Tag mit einem Messer am Rand der Form entlang fahren und das Aspik von der Form lösen. Die Form auf eine Platte stürzen und das Fleisch in Aspik in Scheiben schneiden.

Mit kräftigem Brot und Remouladensoße servieren. Dazu schmeckt ein kaltes Bier, in Polen heißt es "piwo".

Cielęcina w słodko-kwaśnym

KALBFLEISCH SÜSS-SAUER MARINIERT

FÜR 4 PERSONEN

500 g Kalbfleisch aus der Nuss
1 l Milch
1 Zwiebel, grob gewürfelt
100 g Sellerie, grob gewürfelt
1 Möhre, in Stücke geschnitten
1 Lorbeerblatt
1 Tl Pimentkörner
500 ml warmes Wasser
200 ml Weißwein
Schwarzer Pfeffer aus der Mühle
Salz
100 ml Weißweinessig
2 El Honig

Das geputzte Kalbfleisch mit der Milch übergießen und für 24 Stunden im Kühlschrank kalt stellen. Das Fleisch aus der Milch heben, trocken tupfen, mit dem Gemüse und den Gewürzen in einen Topf geben und mit Wasser und Weißwein begießen. Pfeffern, salzen und zum Kochen bringen. Die Hitze reduzieren und ca. 1 Stunde köcheln lassen. Kurz vor Ende der Garzeit den Essig und den Honig in den Kochsud geben. Das Fleisch in der Kochflüssigkeit erkalten lassen.

Das Fleisch aus dem Sud heben, in Scheiben schneiden und auf einer Platte anrichten.

Dazu passt eine Kapernsoße.

Kapernsoße

300 g Majonäse (Fertigprodukt)
5 El Sahne
2 saure Gurken, fein gewürfelt
4 weiße Champignons, fein gehackt
40 g Kapern, fein gehackt
1 El glatte Petersilie, fein gehackt
Salz
Weißer Pfeffer aus der Mühle
1 Tl Zucker
1 El Senf
(etwas Maggi oder Knorrwürze nach Geschmack)

Alle Zutaten in eine Schüssel füllen und gut miteinander vermischen. Gut gekühlt zum süßsauren Kalbfleisch servieren.

Nadziewane rolmopsy

GEFÜLLTE ROLLMÖPSE

FÜR 4 PERSONEN

5 Salzheringe oder 10 Salzheringsfilets
(vom Fischhändler filetieren lassen)
2 El Senf
100 g Zwiebel, fein gewürfelt
2 saure Gurken, fein gewürfelt
2 gekochte Möhren, fein gehackt
2 El gehackte glatte Petersilie
200 ml Wasser
100 ml Weißweinessig
2 El Pflanzenöl
1 Tl Zucker
1 Tl Senfkörner
1 Tl Pimentkörner
1 Tl Dill

Die Fischfilets für 4 Stunden wässern (Wasser öfter wechseln). Trocken tupfen und mit der Hautseite nach unter auf ein Holzbrett legen. Mit Senf bestreichen.
Aus Zwiebel, Gurken, Möhren und Petersilie eine Füllung rühren. Auf den Filets verteilen und die Filets aufrollen. Mit Holzstäbchen zusammenstecken und in ein Einmachglas schichten.
Das Wasser mit den restlichen Zutaten aufkochen, abkühlen lassen und über die Rollmöpse gießen. Das Einmachglas verschließen und die Rollmöpse mindestens 48 Stunden ziehen lassen.

Sałatka kalafiorowa

BLUMENKOHLSALAT

FÜR 4 PERSONEN

1 Blumenkohl (ca. 750 g)
200 ml saure Sahne
3 El Schnittlauch in feine Röllchen geschnitten
1 El Senf
Salz
Weißer Pfeffer aus der Mühle
Muskatnuss, frisch gerieben
2 El Obstessig
3 hart gekochte Eigelb

Den Blumenkohl putzen, in Röschen teilen und in Salzwasser ca. 15-18 Minuten kochen. Kalt abschrecken. In eine Schüssel füllen. Aus der sauren Sahne, Schnittlauch, Senf, Salz, Pfeffer, Muskat und Obstessig ein Dressing rühren. Die Eigelb durch ein feines Sieb streichen und dazu geben. Die Soße zu den Blumenkohlröschen geben und vorsichtig unter heben. Einige Zeit ziehen lassen.

Nadziewane bułeczki z serem

GEFÜLLTE BRÖTCHEN MIT KÄSEDECKELCHEN

FÜR 4 PERSONEN

6 runde Weizenbrötchen
4 große Champignons
2 grobe Bratwürste
1 Tl Öl
1 Tl Tomatenmark
1 Prise Zucker
Schwarzer Pfeffer aus der Mühle
Salz
1 Ei
5 El geriebener Käse

Von den Brötchen einen kleinen Deckel abschneiden und Brötchen aushöhlen.

Die Champignons putzen und klein schneiden. Die Bratwürste aus der Haut drücken.

Das Öl in einer Pfanne erhitzen, darin die Pilze mit dem Wurstbrät krümelig braten. Mit Tomatenmark, Zucker, Pfeffer und Salz würzen. Abkühlen lassen und das Ei mit 3 El geriebenem Käse vermischen. Die Brötchen damit füllen und auf ein Backblech legen. Im auf 200 °C vorgeheizten Backofen ca. 15 Minuten backen.

Die abgeschnittenen Brötchendeckel mit dem restlichen Käse bestreuen, kurz vor Ende der Backzeit mit in den Ofen geben und überbacken. Die Deckelchen dürfen richtig knusprig werden.

Zum Servieren die Käsedeckelchen wieder auf die Brötchen setzen.

Sałatka z selerów

SELLERIESALAT

FÜR 4 PERSONEN

1 kleinen Knollensellerie (ca. 500 g)
2 säuerliche Äpfel, geschält und gewürfelt
100 g Walnusskerne, grob gehackt
Weißer Pfeffer aus der Mühle
Salz
2 El Zitronensaft
200 g Sahne, leicht angeschlagen

Den Sellerie schälen, in Scheiben schneiden und in kochendem Wasser 5 Minuten kochen. Aus dem Wasser nehmen und kalt abschrecken.
In feine, kleine Würfel schneiden und in eine Schüssel geben. Die gewürfelten Äpfel und die Nüsse dazugeben, mit Zitronensaft beträufeln, pfeffern, salzen und gut mischen. Die leicht angeschlagene Sahne unterheben und den Salat einige Zeit ziehen lassen.

Sałatka katoflana

KARTOFFELSALAT MIT SAUREN GURKEN

FÜR 4 PERSONEN

750 g Pellkartoffeln
4 saure Gurken, gewürfelt
200 g saure Sahne
200 g Jogurt, 3,5 % Fett
150 ml Gurkensud
2 El scharfer Senf
Weißer Pfeffer aus der Mühle
Salz
3 El gehackte glatte Petersilie
3 El Schnittlauchröllchen
3 hart gekochte Eigelb

Die Kartoffeln in Würfel schneiden und mit den Gurkenwürfeln in eine große Schüssel füllen.
Aus Sahne, Jogurt, Gurkensud, Senf und allen Gewürzen eine cremige Soße rühren.
Petersilie und Schnittlauch unterheben. Die Eigelb durch ein feines Sieb streichen und dazu geben. Alles mit den Kartoffelwürfeln vermischen und mindestens 5 Stunden ziehen lassen.
Die hart gekochten Eiweißhälften mit einer Creme aus 3 El Majonäse, 1 El gehackten Kapern, 2 El gehackter roter Paprika, Pfeffer und Salz füllen und dekorativ auf den Kartoffelsalat setzen.

Wątłusz z jarzynami w galarecie

KABELJAU-GEMÜSE-ASPIK

FÜR 6 PORTIONEN

400 g Kabeljaufilet
1 El Zitronensaft
500 ml Fischfond (aus dem Glas)
1 Möhre, klein gewürfelt
1 Stange Porree in 3 cm lange, feine Streifen geschnitten
1 Lorbeerblatt
1El Gelatine, gemahlen
2 El Dill, frisch gehackt
Salz
Weißer Pfeffer aus der Mühle
1 Becher saure Sahne

Den Kabeljau mit kaltem Wasser abwaschen, trocken tupfen und mit Zitronensaft beträufeln.

Fischfond mit dem Gemüse und dem Lorbeerblatt aufkochen. Das Kabeljaufilet auf einen Dünsteinsatz legen und in den Fond setzen. Für 5-7 Minuten darin garen. Das Fischfleisch muss sich ganz fest anfühlen.

Den Fisch aus dem Fond heben und mit zwei Gabeln in kleine Stücke zerteilen. Den Fond durch ein Sieb gießen und in den Topf zurück geben. Das Lorbeerblatt herausnehmen, das Gemüse beiseite stellen.

Die Gelatine in den Fond einrühren. Mit Dill, Salz und Pfeffer kräftig abschmecken.

Sobald der Fond etwas andickt, 6 kleine Portionsförmchen mit Fond und Gemüse füllen. Den kleingezupften Fisch dazugeben und mit Fond auffüllen. 8 Stunden im Kühlschrank fest werden lassen.

Zum Stürzen der Förmchen mit einem Messer am Rand entlang fahren und auf einer Platte anrichten. Saure Sahne glatt rühren und dazu reichen.

Suppen
Eintöpfe

Suppen / Eintöpfe

Eine gute, heiße und herzhafte Suppe ist für die meisten Menschen in den kalten Monaten des Jahres ein echter Magentrost. Dass eine Suppe aber auch ein Augenöffner für den abgelehnten Freier sein kann, steht im „Pan Tadeusz", dem berühmten polnischen Nationalepos, das Adam Mackiewicz 1834 verfasste.
Darin beschreibt er mit spitzer Feder, wie man dem nicht in Frage kommenden jungen Mann durch die ihm kredenzte Suppe zu verstehen gibt, dass er nicht der erwünschte Bewerber ist. Statt der von ihm erhofften klaren dunkelroten Brühe des Barschtsch, bekommt er eine nicht minder wohlschmeckende Suppe, die „Czernina", die jedoch mit ihrer schwarzen Farbe eine Absage signalisiert, serviert.
Die Czernina enthält frisches Entenblut. Sie kann also nur von jemandem gekocht werden, der auch selber schlachtet. Der Ursprünglichkeit halber haben wir dieses Rezept in diesem Buch beschrieben, doch wird es schwierig sein, frisches Entenblut zu bekommen.

Barszcz

KLARER BARSCHTSCH

FÜR 4 PERSONEN

1 El Butterschmalz
1 Zwiebel, gewürfelt
1 Porreestange, in Streifen geschnitten
100 g Knollensellerie, geschält und gewürfelt
100 g Weißkohl, in Streifen geschnitten
500 g Rote Bete, roh geschält und gerieben (Handschuhe anziehen)
2 Lorbeerblätter
1 El Pimentkörner
2 l klare Fleischbrühe
Salz
Schwarzer Pfeffer aus der Mühle
2 El Balsamico Essig
200 g saure Sahne, glatt gerührt
1 El Dill, grob gehackt

Butterschmalz in einem großen Topf erhitzen. Darin die Zwiebel, Porreestreifen und Sellerie andünsten. Häufig umrühren, damit das Gemüse nicht anbrennt. Weißkohl, geriebene Rote Bete, Lorbeerblätter und Pimentkörner zufügen. Gut miteinander vermischen.
Die Fleischbrühe angießen, mit Pfeffer und Salz würzen. Im geschlossenen Topf für eine Stunde köcheln lassen. Danach die Suppe durch ein feines Sieb gießen.
Den Topf kurz ausspülen, es dürfen keine Gemüsereste mehr darin sein, und die Brühe wieder einfüllen. Mit Balsamico, Pfeffer und Salz abschmecken. Die Brühe muss ein süßliches, erdiges Aroma haben.
In Teller füllen, je einen Klecks saure Sahne in die Mitte geben, mit Dill bestreuen und servieren.

Buraki na kwaśno

ROTE-RÜBEN-SAUER

Im Original Barschtsch wurde natürlich kein Balsamico verwendet. Man stellte zum Säuern einen so genannten „Rote-Rüben-Sauer“ her. Aus den folgenden Zutaten wurde eine Würzsoße gewonnen, die nach dem Gären in einem Steinguttopf auf Flaschen gezogen wurde.

1 kg Rote Bete,
geschält und in dünne Scheiben geschnitten
2,5 l Wasser, lauwarm
100 g Schwarzbrot
5 Knoblauchzehen, geschält, gehackt

Die Rote Bete in einen Steinguttopf schichten. Mit dem Wasser begießen. Das Schwarzbrot zerpflücken und mit dem gehackten Knoblauch darüber streuen. Das Gefäß mit einem Leinentuch oder feiner Gaze abdecken, zubinden und an einem warmen Ort 3 Tage stehen lassen. Durch ein feines Tuch abseihen, auf Flaschen ziehen und im Kühlschrank aufbewahren.
Der Rote-Rüben-Sauer hat einen essigähnlichen Geschmack.

Zupa z kiszonej kapusty

SAUERKRAUTSUPPE

FÜR 4 PERSONEN

250 g Rindfleisch
250 g Schweinerippchen
2 Lorbeerblätter
2 Nelken
1 Tl Pfefferkörner
1 Tl Salz
1 große Zwiebel, geschält, gewürfelt
100 g durchwachsener Speck, fein gewürfelt
1 El Butterschmalz
2 El Speisestärke
500 g Sauerkraut
2 geräucherte Mettwürstchen
1 El Tomatenmark
250 g Suppengrün (Porree, Sellerie, Möhren in feine Streifen geschnitten)
1 El getrocknete Pilze, zerbröselt

Das Fleisch in einem großen Topf mit 1,5 l Wasser zum Kochen bringen. Lorbeerblätter, Nelken, Pfefferkörner und Salz zufügen und bei kleiner Flamme ca. 1 Stunde köcheln.

Fleisch aus dem Topf heben und in kleine Würfel schneiden. Den Fleischsud durch ein Sieb gießen und wieder in den Topf füllen.

Die Zwiebel mit den Speckwürfeln in Butterschmalz anbräunen und mit der Speisestärke bestreuen. Zusammen mit dem Sauerkraut, den Würstchen, Tomatenmark, Suppengrün und den zerbröselten Pilzen in die Fleischbrühe geben und für 30 Minuten auf mittlerer Hitze kochen.

Die Fleischwürfel wieder in die Suppe geben und erwärmen.

Die Würste in Scheiben schneiden, auf die Teller verteilen und mit der Suppe auffüllen.

Czernina

SCHWARZSAUER

FÜR 4 PERSONEN

Blut von einer Ente
125 ml Weißweinessig
Salz
1 Rinderbeinscheibe
250 g Suppenfleisch vom Rind
250 g Kalbfleisch
250 g Entenklein (Flügel, Brustknochen, Haut)
100 g geräucherter Speck
1 Stange Porree, geputzt und in Streifen geschnitten
1 Möhre, in feine Streifen geschnitten
100 g Sellerie, fein gewürfelt
2 Zwiebeln
Schwarzer Pfeffer aus der Mühle
1 Msp. gemahlener Piment
frisch geriebene Muskatnuss
1 Stück Soßenlebkuchen
200 g getrocknete Pflaumen, fein gewürfelt
100 g feine Suppennudeln

Das Entenblut beim Schlachten auffangen, gleich mit Essig und Salz vermischen, damit das Blut nicht dick wird.

Aus Rind- Kalb- und Entenfleisch, mit dem Speck, Suppengrün, Zwiebeln und allen Gewürzen in einem großen Topf unter Zugabe von 2,5 l Wasser eine Brühe kochen. Nach 1,5 Stunden das Fleisch aus der Brühe heben, klein schneiden und auf Seite stellen.

Die Suppe durch ein feines Sieb gießen und wieder in den Topf geben.

Darin den Lebkuchen auflösen und das Entenblut zugießen. Auf kleiner Flamme unter ständigem Rühren erhitzen. Die Pflaumen mit den Nudeln dazugeben und für 20 Minuten leise köcheln lassen.

Das klein geschnittene Fleisch wieder zufügen, erwärmen und die Suppe in tiefen Tellern anrichten.

Zupa fasolowa

BOHNENSUPPE

FÜR 4 PERSONEN

150 g weiße Bohnen
(über Nacht in kaltem Wasser eingeweicht)
1,5 l Fleischbrühe
1 Stange Porree, in feine Streifen geschnitten
1 Möhre, gewürfelt
100 g Sellerie, gewürfelt
100 g durchwachsener Speck, fein gewürfelt
1 Zwiebel, gewürfelt
2 El Mehl
2 Knoblauchzehen, gehackt
Salz
Schwarzer Pfeffer aus der Mühle
1 Tl Paprikapulver
4 Siedewürstchen
100 ml Sahne
2 El gehackte Petersilie

Die Bohnen abgießen und in der Fleischbrühe ca. 1 Stunde garen. (Bissprobe machen). Das Gemüse dazugeben.

In einer Pfanne den Speck mit der Zwiebel anbraten, mit dem Mehl bestäuben und zur Suppe geben. Knoblauch mit den Gewürzen und den Siedewürstchen in den Topf füllen. 30 Minuten leise köcheln lassen.

Die Würstchen herausholen, in Scheiben schneiden und auf die Teller verteilen.

Die Sahne unter die Suppe ziehen, erneut abschmecken und die Suppe über die Würstchen geben.

Mit Petersilie bestreut servieren.

Owoce Leśne
VICTORIA CYMES
Słoneczne Owoce
Jedynie owoce
dojrzałe w pełnym słońcu
mają satysfakcjonujący
aromat i słodycz.
Jedynie My,
opierając się na naszym
wieloletnim doświadczeniu
możemy wydobyć
pełnię smaku
z tych darów natury.
Nasze syropy to zaklęte
w butelkę owoce i słońce.

VICTORIA CYMES
Słoneczne Owoce
Jedynie owoce
dojrzałe w pełnym słońcu
mają satysfakcjonujący
aromat i słodycz.
Jedynie My,
opierając się na naszym
wieloletnim doświadczeniu
możemy wydobyć
pełnię smaku
z tych darów natury.
Nasze syropy to zaklęte w
butelkę owoce i słońce.
Skosztujcie ich,
to coś dla Was.
VICTORIA CYMES
Słoneczne Owoce
Jedynie owoce
dojrzałe w pełnym słońcu
mają satysfakcjonujący
aromat i słodycz.
Jedynie My,
opierając się na naszym
wieloletnim doświadczeniu
możemy wydobyć
pełnię smaku
z tych darów natury.
Nasze syropy to zaklęte w
butelkę owoce i słońce.
Skosztujcie ich,
to coś dla Was.

Zupa z brukselki

ROSENKOHLSUPPE

FÜR 4 PERSONEN

500 g Rosenkohl, geputzt
1 l Gemüsebrühe
200 ml Sahne
2 Eigelb
1 El Mehl
Weißer Pfeffer aus der Mühle
Salz
1 Prise Zucker
3 El gehackte Petersilie

Den Rosenkohl in Röschen zerteilen und in der Gemüsebrühe 15 Minuten kochen. Mit dem Stabmixer pürieren.
Die Sahne mit Eigelb und Mehl vermischen. Die Suppe mit Pfeffer, Salz und Zucker abschmecken. Aufkochen, von der Kochplatte ziehen und die Eiersahne unterrühren. Wieder auf die Platte stellen und erhitzen. Die Suppe darf aber nicht mehr kochen, da sonst das Ei gerinnen würde.
In Suppentassen füllen, mit Petersilie bestreuen und servieren.

Zupa szczawiowa

SAUERAMPFERSUPPE

FÜR 4 PERSONEN

1 l Rinderbrühe
250 g gemischtes Suppengemüse, geputzt und fein gewürfelt
250 g Sauerampfer, gewaschen, ohne harte Stiele
4 El Butter
2 El Mehl
3 El saure Sahne
Weißer Pfeffer aus der Mühle
Salz
Muskatnuss, frisch gerieben
3 Scheiben Weißbrot, gewürfelt
2 hart gekochte Eier, gehackt

Die Rinderbrühe mit dem Suppengrün aufkochen. Auf kleiner Flamme 20 Minuten köcheln.
Eine Handvoll Sauerampferblätter fein wiegen und beiseite stellen. Die restlichen Blätter in zwei Esslöffeln Butter in einem Topf gar dünsten. Mit Mehl bestreuen und mit der Rinderbrühe aufgießen. Die saure Sahne unterziehen. Mit Pfeffer, Salz und Muskatnuss kräftig abschmecken.
In einer Pfanne die restliche Butter erhitzen und die Weißbrotwürfel darin rösten.
Die gehackten Eier auf Suppenteller verteilen. Die Suppe einfüllen und mit Sauerampfer und Weißbrotwürfeln bestreut servieren.

Zupa kremowa z pieczarek

CHAMPIGNONCREMESUPPE

FÜR 4 PERSONEN

250 g Champignons, geputzt, in feine Scheiben geschnitten
2 El Butter
1 Zwiebel, fein gewürfelt
1 El Speisestärke
1 l Gemüsebrühe
200 ml Sahne
2 Eigelb
Schwarzer Pfeffer aus der Mühle
Salz
Muskat, frisch gerieben
1 El gehackte glatte Petersilie

Die geputzten Champignons in der Butter anbräunen. Die Zwiebel zufügen und ebenfalls Farbe nehmen lassen. Die Speisestärke darüber streuen und mit der Gemüsebrühe ablöschen. 10 Minuten köcheln lassen. Die Sahne mit den Eigelb verrühren. Die Suppe mit Pfeffer, Salz, Muskat würzen und die Eiersahne unterziehen. Die Suppe erwärmen, aber nicht mehr kochen lassen. In Suppentassen einfüllen und mit der Petersilie bestreut servieren.

Zupa z wątróbki cielęcej

KALBSLEBERSUPPE

FÜR 4 PERSONEN

500 g Kalbsleber
50 g Frühstücksspeck, gewürfelt
2 El Butter
je 100 g gewürfelte Möhren, Knollensellerie, Porree
1,5 l Rinderbrühe
Weißer Pfeffer aus der Mühle
Salz
2 Eigelb
3 El gehackte Petersilie

Die Kalbsleber waschen, von Häuten und Sehnen befreien. In feine Streifen schneiden. Den Frühstücksspeck in der Pfanne goldgelb braten und die Butter dazu geben. Da hinein die Leberstreifen geben und anbraten. Das Gemüse dazugeben und die Hälfte der Rinderbrühe angießen. Bei kleiner Flamme ca. 30 Minuten köcheln lassen.
Mit dem Stabmixer pürieren und die restliche Brühe angießen. Mit Pfeffer und Salz würzen. Etwas Leberbrühe in eine kleine Schüssel füllen und mit den Eigelb verquirlen. Die Suppe aufkochen, vom Herd ziehen und die verrührten Eigelb unter die Suppe ziehen.
Die Kalbslebersuppe in Suppenteller füllen, mit Petersilie bestreuen und zu Tisch bringen.

Zupa ziemniaczana ze śmietaną

KARTOFFELSUPPE MIT SAHNE

FÜR 4 PERSONEN

500 g Kartoffeln, geschält und gewürfelt
1 l Gemüsebrühe
1 Möhre, gewürfelt
1 Stange Porree in feine Scheiben geschnitten
100 g Knollensellerie, geschält und gewürfelt
Schwarzer Pfeffer aus der Mühle
Salz
Muskatnuss, frisch gerieben
200 ml geschlagene Sahne
2 El gehackte Walnusskerne

Die gewürfelten Kartoffeln mit der Gemüsebrühe und dem Gemüse ca. 15 Minuten kochen.

Mit Pfeffer, Salz und Muskat abschmecken und mit dem Stabmixer grob pürieren. Es sollten noch Kartoffel- und Gemüsewürfel zu sehen sein. Den Topf von der Flamme ziehen und die geschlagene Sahne unterheben.

In Suppenschalen anrichten und mit den gehackten Walnusskernen bestreuen.

Bigos ist wohl der bekannteste polnische Eintopf. Er passt in die kühle Jahreszeit, weil er sehr herzhaft und wärmend ist. Man kocht ihn immer in größeren Mengen, weil er aufgewärmt ein noch besseres Aroma hat. Die in ihm gekochten, geräucherten und knoblauchhaltigen Würste verleihen ihm einen unglaublichen Geschmack. Zum Bigos isst man entweder Salzkartoffeln oder ein kräftiges Roggenbrot. Auf jeden Fall gehört ein kaltes Bier und hinterher ein Wodka dazu.
Smacznego – Guten Appetit!

Bigos

BIGOS

REICHT FÜR 6-8 PORTIONEN

500 g Schweinefleisch (Halsstück), gewürfelt
150 g geräucherter, durchwachsener Speck ohne Schwarte, gewürfelt
1 große Zwiebel, in dünne Scheiben geschnitten
2-3 Lorbeerblätter
2 Gewürznelken
3 Knoblauchzehen, mit Salz zerdrückt
500 g Sauerkraut, gewaschen und abgetropft
500 g Kabanossi, in Stücke geschnitten
150 ml Weißwein
100 ml Gemüsebrühe
5 Egerlinge/Champignons in feine Scheiben geschnitten
Salz
Schwarzer Pfeffer aus der Mühle
500 g Wirsing, fein gewiegt
2 El Speisestärke

Das gewürfelte Schweinefleisch mit dem Speck in einer großen Kasserolle anbraten. Fleisch und Speck sollten eine schöne braune Farbe haben, und es muss Fett ausgetreten sein. Zwiebelscheiben, Lorbeerblätter, Gewürznelke und Knoblauch zugeben und weitere 5-8 Minuten schmurgeln, bis die Zwiebeln glasig und weich sind.

Sauerkraut gut ausdrücken, zusammen mit der Wurst, Weißwein, Gemüsebrühe und den Pilzen in die Kasserolle füllen und gut miteinander vermischen. Kräftig mit Salz und Pfeffer würzen. Deckel auflegen und für 1 Stunde bei kleiner Hitze köcheln lassen.

Den Wirsing für 5 Minuten in kochendes Salzwasser geben und blanchieren. In Eiswasser abschrecken. Gut abgetropft zum Sauerkraut geben. Die Speisestärke mit etwas Wasser anrühren und den Eintopf damit binden.

Über Nacht stehen lassen. Am nächsten Tag vorsichtig erwärmen und wie oben beschrieben zu Tisch bringen.

Zupa z cielęciny

KARTOFFEL-KALBFLEISCH-TOPF

FÜR 4 PERSONEN

Dieser Eintopf ist eigentlich eine etwas dickere Suppe. Man kann ihn ohne Beilagen essen oder mit gedünstetem Gemüse oder Salat als Hauptgericht.

3 El Butterschmalz
1 kg Kalbfleisch, gewürfelt
2 Knoblauchzehen, gehackt
2 Zwiebeln, in Ringe geschnitten
1 Tl Kümmel
1 Tl getrockneter Majoran
1 Msp. gemahlener Piment
1 Tl Rosenpaprika
Salz
Schwarzer Pfeffer aus der Mühle
2 El Speisestärke
500 ml Gemüsebrühe
100 ml Rotwein
2 Lorbeerblätter
1 Petersilienwurzel, geschält
500 g Kartoffeln, geschält und gewürfelt
250 g Knollensellerie, geschält und gewürfelt

Butterschmalz in einem Schmortopf erhitzen, darin das Fleisch von allen Seiten anbraten. Den gehackten Knoblauch mit der Zwiebel zugeben, solange dünsten bis die Zwiebel glasig ist. Alle Gewürze zufügen, die Speisestärke darüber stäuben und alles gut vermischen. Die Gemüsebrühe mit dem Rotwein angießen. Lorbeerblätter und Petersilienwurzel dazugeben. Den Deckel auflegen und ca. 1 Stunde auf kleiner Flamme schmoren, bis das Fleisch zart ist.
Die Kartoffelwürfel und die Selleriewürfel dazugeben, gut unterheben und weitere 20 Minuten köcheln. Nochmals abschmecken und servieren.

Zupa z marchwi z ziemniakami

KARTOFFEL-MÖHREN-EINTOPF

FÜR 4 PERSONEN

50 g Butter
500 g Kartoffeln, geschält, in kleine Würfel geschnitten
500 g Bundmöhren, geschält, in kleine Würfel geschnitten
125 ml Gemüsebrühe
3 El glatte Petersilie, gehackt
Salz
Weißer Pfeffer aus der Mühle
Muskatnuss, frisch gerieben
1 gute Prise Zucker

Die Butter in einem Topf schmelzen. Kartoffel- und Möhrenwürfel dazugeben und gut miteinander vermischen. Zum Köcheln bringen. Die Gemüsebrühe angießen und bei geschlossenem Topf 25 Minuten köcheln lassen. Mit einem Kartoffelstampfer das Gemüse zerstampfen. Mit Salz, Pfeffer, Muskatnuss und Zucker abschmecken und zum Schluss die Petersilie unterziehen.

Dazu passen Fleischklößchen polnische Art.

(Siehe Rezept Seite 108)

Zupa piwna

BIERSUPPE MIT EIGELB

FÜR 4 PERSONEN

Diese Biersuppe war früher ein Grundnahrungsmittel und wurde schon zum Frühstück serviert. Sie ist mild und hat ein angenehm würziges Aroma.

2 El Butter
3 Scheiben Weißbrot ohne Rinde, gewürfelt
750 ml helles obergäriges Bier
500 ml Wasser
3 Gewürznelken
1 Zimtsange
5 Eigelb
100 g Zucker

Die Butter in einer Pfanne erhitzen und die Weißbrotwürfel darin rösten.

Das Bier mit Wasser, Gewürznelken und der Zimtstange aufkochen.

Eigelb und Zucker in eine Schüssel geben und mit dem Handmixer schaumig rühren.

Die Suppe vom Herd ziehen und mit der Eimischung abbinden.

Die Bieruppe in Teller füllen, mit Weißbrotwürfeln bestreuen und servieren.

Zupa pomidorowa z kostkami z dyni

TOMATENSUPPE MIT KÜRBISWÜRFELN

Dies ist eine typische Sommersuppe. Sie ist aromatisch und erfrischend und kann warm und kalt gegessen werden. Sie erinnert an eine spanische Gazpacho ist aber polnischen Ursprungs.

500 g reife Tomaten
1 Stengel Staudensellerie
2 El Butter
1 El Speisestärke
750 ml Gemüsebrühe
Salz
Weißer Pfeffer aus der Mühle
1 Tl brauner Zucker
125 ml Weißwein
100 g Kürbiswürfel (in etwas Butter gedünstet)
3 El Kürbiskernöl

Die Tomaten vom Stielansatz befreien und klein schneiden. Den Staudensellerie entfädeln, klein schneiden und mit den Tomaten in zerlassener Butter anschwitzen.
Mit der Speisestärke bestäuben, unterrühren und die Brühe angießen. Mit Salz, Pfeffer und dem Zucker herzhaft abschmecken.
In einen Mixer füllen und aufmixen.
Die fertige Suppe kalt oder warm in Suppentassen füllen, den gedünsteten Kürbis dazugeben und mit etwas Kürbiskernöl beträufeln.
Mit Weißbrot servieren.

Zupa z seleru

SELLERIESUPPE NACH IWONNA

FÜR 4 PERSONEN

500 g Sellerieknolle, geschält und geraspelt
300 g säuerliche Äpfel, geschält und geraspelt
30 g Butter
1 El Mehl
1 l Rinderbrühe
Weißer Pfeffer aus der Mühle
Salz
1 El Zitronensaft
200 ml Sahne
2 El gehackte Petersilie

Den geraspelten Sellerie mit den geraspelten Äpfeln in der Butter andünsten. Mit dem Mehl bestäuben und der Rinderbrühe aufgießen. Für 15 Minuten auf kleiner Flamme köcheln. Mit Pfeffer, Salz, und Zitronensaft abschmecken. Sahne halb steif schlagen und unter die Suppe ziehen. In Teller füllen und mit Petersilie bestreut anrichten.

Zupa z cebuli z grzankami

ZWIEBELSUPPE MIT RÖSTBROT

FÜR 4 PERSONEN

500 g Zwiebeln
6 El Butter
750 ml Rinderbrühe
1 Tl Ingwer, frisch gerieben
Salz
Schwarzer Pfeffer aus der Mühle
Muskatnuss, frisch gerieben
1 Msp. gemahlene Gewürznelke
3 Scheiben Weißbrot ohne Rinde, gewürfelt
5 El geriebener Käse

Die Zwiebeln schälen, in feine Ringe schneiden und in 3 Esslöffel Butter in einer Pfanne anbraten. Mit der Rinderbrühe ablöschen und 5 Minuten köcheln lassen. Alle Gewürze zufügen, aufkochen und den Herd ausschalten. Auf der Herdplatte stehen lassen.

Die restliche Butter in einer Pfanne erhitzen und die Brotwürfel darin knusprig anbraten. Den Käse darüber streuen. Er sollte auf den Brotwürfelchen eine Kruste bilden.

Die Zwiebelsuppe in Tassen füllen, die Brotwürfel darüber geben und sofort servieren.

Zupa z kiszonych ogórków

SAURE GURKENSUPPE

FÜR 4 PERSONEN

4 El Butterschmalz
200 g Zwiebeln, geschält und gewürfelt
200 g saure Gurken, gewürfelt
1 l Gemüsebrühe
4 Kalbswürstchen
Salz
Weißer Pfeffer aus der Mühle
1 Tl Majoran, getrocknet

Butterschmalz in einem Topf erhitzen, Zwiebeln darin andünsten. Wenn sie glasig sind, die Gurkenwürfel dazugeben und weitere 5 Minuten dünsten. Die Gemüsebrühe angießen, die Kalbswürstchen mit allen Gewürzen zufügen. Alles 10 Minuten köcheln lassen. Achtung! Die Würstchen dürfen nicht aufplatzen.

Die Würstchen aus der Suppe heben, die Haut abziehen und in Scheiben schneiden. Wurstscheiben auf die Suppenschalen verteilen und mit Suppe auffüllen.

Barszcz świąteczny z uszkami

WEIHNACHTSBARSCHTSCH MIT ÖHRCHEN

FÜR 4 PERSONEN

Traditionell wird in Polen an Heiligabend kein Fleisch gegessen. Diese Weihnachtssuppe ist allerdings so gehaltvoll, dass man die Fleischeinlage nicht vermisst.

1,5 l Gemüsebrühe
4 Rote Bete, geschält, in dünne Scheiben geschnitten
1 Tl schwarze Pfefferkörner
3 Pimentkörner
2 Lorbeerblätter
500 ml Rote-Rüben-Sauer (siehe Seite 44)
4 große getrocknete Steinpilze

Die Gemüsebrühe mit der Roten Bete, den Pfefferkörnern, Pimentkörnern und Lorbeerblätter ca. 45 Minuten garen. Durch ein feines Sieb abgießen. Den Sud in einen separaten Topf geben.

Die Steinpilze in einem anderen Topf mit 500 ml Wasser kochen und wieder abkühlen lassen.

Ebenfalls abgießen. Die Pilzflüssigkeit zum Gemüsesud geben.

Mit dem Rote-Rüben-Sauer vermischen. Die Suppe warm halten.

Für den Öhrchenteig:

150 g Mehl
1 Ei
1 Prise Salz

Für die Öhrchenfüllung:

4 große gekochte Steinpilze (die von der Suppe), in kleine Stücke geschnitten
1 kleine Zwiebel, geschält, in kleine Würfel geschnitten
1 El Semmelbrösel vom Weißbrot
1 El Petersilie, fein gehackt
1 Ei
Schwarzer Pfeffer aus der Mühle
Salz

Für den Teig das Mehl mit Ei und Salz verrühren. Der Teig muss geschmeidig sein. Ist er zu fest, etwas lauwarmes Wasser zufügen. Den glatten Teig dünn auf einer bemehlten Arbeitsfläche ausrollen und in kleine Quadrate schneiden.

Für die Füllung alle Zutaten miteinander vermischen. Mit einem kleinen Löffel die Füllung auf die Teigstückchen setzen und jedes Quadrat diagonal zusammenfalten. Die Ränder gut andrücken und die zwei gegenüberliegenden Ecken der jetzt dreieckigen Öhrchen zusammendrücken. Die Öhrchen in kochendes Salzwasser geben. Wenn sie nach oben steigen, sind die Öhrchen gar.

Die Suppe in Teller füllen, die Öhrchen auf die Teller verteilen und servieren.

Zupa rybna królewska

KÖNIGLICHE FISCHSUPPE

FÜR 4 PERSONEN

500 ml Fischfond (aus dem Glas)
500 ml Wasser
100 ml trockener Rotwein
10 Dörrpflaumen, gehackt
3 El Mandeln, gehackt
3 El Rosinen
500 g Karpfen ohne Haut und Gräten
1 El Zitronensaft
Salz
Weißer Pfeffer aus der Mühe
1 Prise Zucker

Den Fischfond mit Wasser, Rotwein, Dörrpflaumen, Mandeln und Rosinen aufkochen und 30 Minuten köcheln. Durch ein feines Sieb abgießen. Den Fond wieder in den Topf füllen.

Das Karpfenfleisch waschen, mit Zitronensaft beträufeln und mit einem scharfen Messer in Streifen schneiden. In die Suppe legen und ca. 10 Minuten bei kleiner Flamme gar ziehen lassen.

Die Fischsuppe mit Salz, Pfeffer und Zucker abschmecken.

In Suppentassen servieren.

Kartoffel- und Mehlspeisen

Kartoffel- und Mehlspeisen

Kartoffel- und Mehlspeisen sind nicht wie bei uns Beilagen, sondern ergeben komplette, eigenständige Mahlzeiten. Wichtig bei den Knödeln ist, dass sie nach dem Garen nicht zu lange im Wasser bleiben. Viele Knödelteige sind sehr weich und zerfallen, wenn sie zu lange gekocht werden. Auch müssen sie vorsichtig behandelt werden. Heben Sie die Knödel mit dem Schaumlöffel in und aus dem Wasser und lassen Sie sie vorsichtig abtropfen.
Die Klöße aus Nudelteig sind nicht so zimperlich und halten eine normale Behandlung aus.

Knedle z szynką

SCHINKENKNÖDEL

FÜR 4 PERSONEN

3 Eier (mittelgroß)
70 g Butter
250 g Mehl, gesiebt
100 g gekochter Schinken, in kleine Würfel geschnitten
Salz
Weißer Pfeffer aus der Mühle
20 g Butter

Die Eier aufschlagen und trennen. Das Eiweiß steif schlagen. Die Eigelb mit 50 g Butter cremig rühren und löffelweise das Mehl einarbeiten. Schinkenwürfel, Eischnee, Salz und Pfeffer unterheben. Kleine Knödel formen, in siedendes Salzwasser geben und köcheln.
Wenn die Knödel nach oben steigen, mit der Schaumkelle herausheben und abtropfen lassen.
Die restliche Butter schmelzen und über die Knödel geben.
Heiß servieren.
(Abb. nächste Seite)

Kluski ziemniaczane

KARTOFFELKLÖSSE

FÜR 4 PERSONEN

800 g Kartoffeln
50 ml Sahne
100 g Mehl
3 Eier (mittelgroß)
30 g Bierhefe
Salz
Weißer Pfeffer aus der Mühle
Muskatnuss, frisch gerieben
40 g Butter
2 El Pflanzenöl

Kartoffeln schälen, in reichlich Salzwasser gar kochen. Abgießen und auf der Herdplatte ausdampfen lassen. Die Kartoffeln noch warm durch die Kartoffelpresse drücken. In eine Schüssel geben, mit Sahne, Mehl, Bierhefe, Salz, Pfeffer und Muskatnuss würzen. Das muss alles recht schnell gehen, denn der Teig darf nicht klebrig werden.

Mit 2 angefeuchteten Esslöffeln, die immer wieder den Teig gegeneinander abstreifen, längliche Knödel formen.

Butter und Pflanzenöl in einer Pfanne erhitzen und die Knödel darin ausbraten. Mit einem Schaumlöffel herausheben und auf einem Teller, der mit Küchenkrepp ausgelegt ist, abtropfen lassen.

Diese Klöße sind eine tolle Beilage zu Fleischgerichten mit Soße.

Sehr gut schmecken sie auch zu frischem Apfelmus.

Knedle ziemniaczane z owczym serem

KARTOFFELKNÖDEL MIT SCHAFSKÄSE

FÜR 4 PERSONEN

600 g Kartoffeln
150 g harter Schafskäse, gerieben
1 Zwiebel, gewürfelt
2 El Butter
150 g Mehl, gesiebt
2 Eier
Salz
Weißer Pfeffer
3 El Butter
2 El Semmelbrösel

Kartoffeln schälen, in reichlich Salzwasser gar kochen. Abgießen und auf der Herdplatte ausdampfen lassen. Die noch warmen Kartoffeln mit dem Schafskäse durch den Fleischwolf drehen und in eine Schüssel geben.

Die gewürfelte Zwiebel in 2 Esslöffeln Butter glasig dünsten. Mit dem Mehl, den Eiern, Pfeffer und Salz zur Kartoffelmischung geben und gut unterheben. Mit feuchten Händen kleine Knödel formen und in siedendes Salzwasser geben. Wenn die Knödel nach oben steigen, mit einem Schaumlöffel herausheben.

Die restliche Butter schmelzen, darin die Semmelbrösel bräunen und über die Knödel streuen.

Mit grünem Salat servieren.

Knedle z twarogu nadziewane

GEFÜLLTE QUARKKNÖDEL

FÜR 4 PERSONEN

500 g Quark, abgetropft
100 g Grieß
100 g Mehl
1 Ei
1 Eigelb
Salz

Für die Füllung:
300 g festes Pflaumenmus
1 Msp. Zimt

3 El Butter
5 El Semmelbrösel
Puderzucker

Den Quark in ein Sieb geben und etwa drei Stunden abtropfen lassen. Mit dem Grieß, Mehl, Ei, Eigelb und Salz vermischen. Es muss ein fester Teig entstehen.

Mit einem Esslöffel gleich große Mengen abstechen, platt drücken und einen Teelöffel von dem mit Zimt parfümierten Pflaumenmus auf die Mitte setzten. Den Teig zu einer Kugel formen.

Salzwasser zum Kochen bringen und die Knödel mit einer Schaumkelle ins Wasser geben. Wenn sie nach oben steigen, mit der Schaumkelle herausheben.

In einer Pfanne die Butter erhitzen und die Semmelbrösel darin bräunen. Die abgetropften Quarkknödel darin wälzen und sogleich mit Puderzucker bestreut servieren.

Piroggen erinnern stark an italienische Ravioli. Vermutlich macht sich hier der kulinarische Einfluss der aus Italien stammenden Königin Bona Sforza (16. Jh.) bemerkbar.
Piroggen lassen sich mit allem füllen und sind damit wunderbar als Resteverwerter einsetzbar. Hier zwei herzhafte Rezepte mit Käse- und Fleischfüllung.

Pierogi z twarogiem

PIROGGEN MIT QUARKFÜLLUNG

FÜR 4 PERSONEN

200 g Weizenmehl, gesiebt
1/2 Tl Salz
1 Ei
80 ml lauwarmes Wasser
Weißer Pfeffer aus der Mühle

Für die Füllung
300 g Quark, gut abgetropft
50 g geriebener Käse (Schaf oder Ziege)
5 El Semmelbrösel
2 Eigelb
Prise Salz
Weißer Pfeffer aus der Mühle

Für die Teigränder
1 Ei
1 El Sahne

Das Mehl in eine Schüssel sieben und mit dem Salz vermischen, in die Mitte eine Mulde drücken.

Da hinein das Ei, lauwarmes Wasser und Pfeffer geben. Mit den Händen einen Teig kneten.
Den Teig aus der Schüssel nehmen und auf der bemehlten Arbeitsfläche kräftig durchwalken.
Teig zur Kugel formen, in 4 Portionen aufteilen und mit Klarsichtfolie abdecken.
Den gut abgetropften Quark mit allen Zutaten vermischen und mit Salz und Pfeffer abschmecken. Das Ei mit der Sahne verquirlen.
Die Teigstücke rund und sehr dünn ausrollen, mit einem Glas Kreise von ca. 6 cm Durchmesser ausstechen. Mit einem Teelöffel kleine Quarkkleckse in die Kreismitte setzen und den Rand mit der Eiersahne bestreichen. Zum Halbkreis einschlagen, die Ränder mit den Fingern gut verschließen. Mit einer Gabel noch ein hübsches Muster eindrücken und beiseite legen. Auf diese Weise den ganzen Teig und die Füllung verarbeiten.
Piroggen portionsweise in einen großen Topf mit kochendem Salzwasser geben und ca. 3-4 Minuten garen. (Garprobe machen) Mit einer Schaumkelle abschöpfen und in eine Schüssel füllen. Etwas Kochwasser darüber träufeln.
Dazu schmecken gebratene Speckwürfel.

Pierogi z mięsem

PIROGGEN MIT FLEISCHFÜLLUNG

FÜR 4 PERSONEN

Ich habe bei diesem Rezept Rinderhackfleisch verarbeitet. Genau so gut schmeckt aber auch ein Bratenrest, der klein geschnitten und mit einer Zwiebel in der Pfanne kurz angebraten wird, als Füllung. Ihrer Fantasie sind keine Grenzen gesetzt.

200 g Weizenmehl, gesiebt
1/2 Tl Salz
1 Ei
80 ml lauwarmes Wasser
Weißer Pfeffer aus der Mühle

Für die Füllung
3 El Butter
1 Zwiebel, fein gewürfelt
1 Knoblauchzehe, fein gehackt
300 g Rinderhackfleisch
2 El saure Sahne
Salz
Schwarzer Pfeffer aus der Mühle
2 l Gemüsebrühe

Für die Teigränder:
1 Ei
1 El Sahne

Das Mehl in eine Schüssel sieben, mit dem Salz vermischen und in die Mitte eine Mulde drücken. Da hinein das Ei, lauwarmes Wasser und Pfeffer geben. Mit den Händen einen Teig kneten. Den Teig aus der Schüssel nehmen und auf der bemehlten Arbeitsfläche kräftig durchwalken. Teig zur Kugel formen, in 4 Portionen aufteilen und mit Klarsichtfolie abdecken.
Butter in einer Pfanne erhitzen. Die Zwiebel darin andünsten, den Knoblauch zufügen, mit dem Rinderhackfleisch vermischen und krümelig braten. Mit Salz und Pfeffer würzen und die saure Sahne unterrühren.
Das Ei mit der Sahne verquirlen.
Die Teigstücke rund und sehr dünn ausrollen, mit einem Glas Kreise von ca. 6 cm Durchmesser ausstechen. Mit einem Teelöffel kleine Fleischkleckse auf die Kreismitte setzen und den Rand mit der Eiersahne bestreichen. Zum Halbkreis einschlagen, die Ränder mit den Fingern gut verschließen. Mit einer Gabel ein hübsches Muster eindrücken und beiseite legen. Auf diese Weise den ganzen Teig und die Füllung verarbeiten.
Piroggen portionsweise in einen großen Topf mit kochender Gemüsebrühe geben und ca. 3-4 Minuten garen (Garprobe machen). Mit einer Schaumkelle abschöpfen und in eine Schüssel füllen.
Etwas Gemüsebrühe darüber träufeln.

Makaron domowy

HAUSGEMACHTE BANDNUDELN

FÜR 4 PERSONEN

Frische selbstgemachte Nudeln haben ein feines Aroma, wie Sie es bei gekauften Nudeln nicht finden. Zudem nehmen sie die dazu gereichten Soßen besser auf.

350 g Mehl, gesiebt
2 Eier
50 ml lauwarmes Wasser
40 g Butter
Salz

Das Mehl auf die Arbeitsfläche sieben. Eine Vertiefung eindrücken. Die Eier und das Wasser in die Mulde geben, mit den Händen vermischen und kräftig kneten. Es sollte ein fester Teig entstehen. Den Teig in 4 Portionen aufteilen. Die Arbeitsfläche mit Mehl bestreuen, die Teigportionen darauf sehr dünn ausrollen. Zum Trocknen (ca. 20 Minuten) auf ausgebreitete Küchenhandtücher legen. Mit Mehl bestreuen und aufrollen. Mit einem scharfen Messer in beliebig breite Streifen schneiden. Die Streifen mit den Händen auflockern.
In einem großen Topf Salzwasser aufkochen und die Nudeln für ca. 2-4 Minuten kochen (Bisstest machen).
Die Nudeln abgießen, auf Teller verteilen und mit geschmolzener Butter oder einer Soße begießen.

Jajka w gniazdkach ziemniaczanych

EIER IM KARTOFFELNEST

FÜR 4 PERSONEN

1 kg Kartoffeln, geschält
3 El Butter
200 g saure Sahne
Salz
Weißer Pfeffer aus der Mühle
Muskatnuss, frisch gerieben
2 El gehackte Petersilie
4 Eier
Butter für die Form

Die Kartoffeln kochen, abgießen und zerstampfen. Butter, Sahne, Salz, Pfeffer, Muskatnuss und Petersilie unterheben. Das Püree muss sahnig und cremig sein.
Eine Auflaufform ausbuttern und das Püree einfüllen. In gleichmäßigen Abständen mit einer Suppenkelle vier runde Mulden hineindrücken. Jedes Ei in einer Tasse aufschlagen und aus der Tasse in die Mulde gleiten lassen. Die Eier mit Pfeffer und Salz würzen.
Für 15 Minuten in den auf 200 °C vorgeheizten Backofen schieben.
Dazu schmeckt ein frischer Salat oder geriebene Möhren mit Zitrone.

Świeże ziemniaki z boczkiem

KARTOFFELN MIT SPECK

FÜR 4 PERSONEN

750 g Kartoffeln, geschält und gewürfelt
1 El Butterschmalz
125 g durchwachsener Speck, gewürfelt ohne Schwarte
2 Zwiebel, gewürfelt
Salz
schwarzer Pfeffer aus der Mühle

Die gewürfelten Kartoffeln waschen und mit einem Küchentuch gut trocken reiben. In einer großen Pfanne Butterschmalz erhitzen und den Speck mit den Zwiebeln darin anbraten. Die Kartoffelwürfel zufügen und herzhaft mit Pfeffer und Salz abschmecken. Die Kartoffeln unter Rühren von allen Seiten knusprig anbraten. Sie sollten eine goldbraune Kruste haben. Das dauert ca. 15 Minuten.
Auf Teller verteilen und mit der Remouladensoße von Seite 34 servieren.

Słodkie knedle z rodzynkami

SÜSSE ROSINENKNÖDEL

FÜR 4 PERSONEN

2 Brötchen vom Vortag
2 El Butter
250 ml Milch
2 Eier
250 g Mehl
30 g Hefe
2 El Zucker
100 g Rosinen, gewaschen
Salz

Für die Buttersoße:
3 El Butter
1 Tütchen Vanillezucker

Die Brötchen in kleine Würfel schneiden und in der Pfanne mit 2 El Butter braten. Auf Seite stellen.
Die Milch mit den Eiern vermischen, das Mehl einrühren. Die Hefe mit dem Zucker vermischen und unter die Mehlmischung geben. Den Teig mit einem Tuch abdecken und an einem warmen Platz gehen lassen. Wenn sich der Teig deutlich vergrößert hat, die Rosinen und die Brotwürfel mit der Prise Salz unterkneten.
Mit dem Esslöffel Teig abstechen und mit bemehlten Händen runde Knödel formen.
Knödel in siedendes Salzwasser geben. Wenn sie oben schwimmen, mit einem Schaumlöffel abschöpfen. Abtropfen lassen. 3 El Butter mit dem Vanillezucker in einer kleinen Pfanne aufschäumen lassen und über die Knödel gießen.
Mit frischem Pflaumenmus servieren.

Eierspeisen

Eierspeisen

Polnische Eierspeisen lassen sich bis zu den üppigen und reichhaltigen Vorspeisen der Könige und Fürsten zurückverfolgen. Was die damaligen Küchenkünstler auf den Tisch zauberten, sollte wirklich nicht der Vergessenheit anheim fallen. Es wäre zu schade, diese kulinarischen Kleinode wortlos zu übergehen.
Bestechend einfach bereiten Sie mit diesen Rezepten delikate Häppchen zu. Keiner Ihrer Gäste wird glauben, wie leicht es ist, mit nur wenigen Zutaten derartige Leckerbissen auf den Tisch zu bringen.

Jajka w koszulkach

EIER IM HEMDCHEN

FÜR 4 PERSONEN

4 El Essig
1 Tl Salz
8 Eier
8 kleine Käsescheiben ohne Rinde
Fett für die Form
8 kleine, geröstete Weißbrotscheiben

In einem großen Topf Wasser aufkochen. Mit Essig und Salz würzen. Die Eier einzeln in einer Tasse aufschlagen. Die Tasse in das Wasser absenken, das Ei in das Essigwasser gleiten lassen. Mit einem Schaumlöffel das Eiweiß um das Eigelb legen.
Nach ca. 7 Minuten ist das Ei innen weich und außen fest. Mit dem Schaumlöffel herausheben und in eine gebutterte Auflaufform setzen. Mit den anderen Eiern genauso verfahren. Alle Eier mit den Käsescheiben belegen und im auf 180 °C vorgeheizten Backofen ca. 10 Minuten überbacken.
Eier aus der Form heben, auf die vorbereiteten Weißbrotscheiben legen und mit einem kühlen Weißwein servieren.
(Abb. nächste Seite)

Jajka w galarecie z szyjki rakowej

EIER IN KREBSSCHWANZGELEE

FÜR 4 PERSONEN

300 ml Fischfond (aus dem Glas)
1 Tl Tomatenmark
Salz
Weißer Pfeffer aus der Mühle
1 El Zitronensaft
3 Blatt Gelatine
1 Tomate, in Scheiben geschnitten
3 El Lauchzwiebelringe, in Butter gedünstet
3 hart gekochte Eier, halbiert
100 g gekochte Hühnerbrust, gewürfelt
80 g Krebsschwänze, gekocht

Den Fischfond mit Tomatenmark, Salz und Pfeffer kräftig abschmecken und mit Zitronensaft aufkochen. Die Gelatine darin auflösen.

In eine kleine rechteckige Form etwas von dem Sud einfüllen und fest werden lassen. Darauf die Tomatenscheiben legen. Die gedünsteten Frühlingszwiebeln darauf verteilen. Die hart gekochten Eihälften mit der Schnittseite nach unten auf die Zwiebeln setzen. Das Hühnerfleisch darüber geben und die gekochten Krebsschwänze darauf anrichten.

Mit dem restlichen Fond bedecken und im Kühlschrank fest werden lassen.

Zum Servieren die Form stürzen, das Gelee in Scheiben schneiden und auf Teller, die mit Salatblättern ausgelegt sind, anrichten.

Jajka w foremkach

EIER MIT PILZEN IM FÖRMCHEN

FÜR 8 PERSONEN

1 große Zwiebel, gewürfelt
4 El Butter
500 g frische Champignons, in feine Scheiben geschnitten
1 El Zitronensaft
Salz
Weißer Pfeffer
2 El gehackte Petersilie
3 El saure Sahne
8 Eier
4 El geriebener Käse
Butter für die Förmchen

Die Zwiebel in der Butter anbraten. Die Pilze dazugeben und so lange dünsten, bis alle Flüssigkeit verdampft ist. Mit Zitronensaft, Salz, Pfeffer und der gehackten Petersilie abschmecken. Die saure Sahne unterheben. Die Mischung auf 8 feuerfeste Förmchen, die mit Butter ausgepinselt sind, verteilen.

Auf jedes Förmchen ein aufgeschlagenes Ei setzen. Mit geriebenem Käse bestreuen.

Im auf 180 °C vorgeheizten Backofen 15 Minuten backen. Das Gericht ist fertig, wenn das Eiweiß stockt.

In den Förmchen servieren.

Coca-Cola
Coca-Cola
Coca-Cola
Coca-Cola
Coca-Cola
Coca-Cola

POTATO VODKA
LUKSUSOWA
Polmos
POLISH LUXURY VODKA
100% NEUTRAL SPIRITS
DISTILLED FROM SELECT POTATOES
0,5 l
40% obj.
PRODUCED AND BOTTLED IN POLAND
ZIELONA GÓRA-POLAND

Suflet piankowy z czekolada

SCHAUMOMELETT MIT SCHOKOLADE

PRO OMELETT

1 Prise Salz
2 Eier
2 El Puderzucker
1 Tl Vanillezucker
1 El Mehl
2 El geriebene Schokolade
Fett für die Pfanne

Die Eier trennen. Das Eiweiß mit dem Salz steif schlagen. Die Eigelb mit Puder- und Vanillezucker cremig rühren. Das Mehl einstreuen. Das Eiweiß vorsichtig unterheben.

Eine kleine Teflonpfanne (ca. 20 cm ø) mit wenig Fett ausstreichen, erhitzen und die Eiermasse einfüllen.

Etwa 5-8 Minuten braten, bis die Unterseite schön gebräunt ist. Auf einen Teller gleiten lassen. Die Pfanne wieder leicht fetten, über das Omelett stülpen und die andere Seite wiederum 5-8 Minuten backen.

Das Omelett auf einen Teller geben und mit der geriebenen Schokolade bestreut servieren.

Suflet z chleba razowego ze "szwipsem"

SCHWARZBROTAUFLAUF MIT SCHWIPS

FÜR 4 PERSONEN

150 g zerbröseltes, körniges Schwarzbrot, ohne Rinde
100 ml Portwein
4 Eier
5 El Butter
8 El Puderzucker
4 El Kakao
3 El Rosinen
1 Msp. Zimt
1 Msp. gemahlene Gewürznelke
2 El Semmelbrösel
Butter für die Form

Die Schwarzbrotkrümel mit dem Portwein mischen, ca. 10 Minuten quellen lassen. Die Eier trennen. Die Eigelb mit der Butter und 5 El Puderzucker cremig rühren. Den Kakao die Rosinen, die Gewürze und das Schwarzbrot dazugeben und gut vermischen.

Das Eiweiß mit 3 El Puderzucker sehr steif schlagen und vorsichtig unter die Masse ziehen.

Eine Auflaufform mit Butter ausfetten und mit Semmelbrösel ausstreuen. Die Schwarzbrotmischung einfüllen und glatt streichen.

Den Auflauf 30-40 Minuten im auf 180 °C vorgeheizten Backofen überbacken.

Servieren Sie dazu den gleichen Portwein, den Sie zum Kochen verwendet haben.

ŁODZIEŻ 2000

Suflet z twarogu z rodzynkami

QUARKAUFLAUF MIT RUMROSINEN

FÜR 4 PERSONEN

4 Eier
1 Prise Salz
60 g Butter
5 El Puderzucker
1 El Vanillezucker
300 g Sahnequark
5 El Rosinen (über Nacht in Rum eingelegt)
1 Tl Backpulver
Butter für die Form
Semmelbrösel für die Form
3 El Semmelbrösel

Die Eier trennen. Das Eiweiß mit dem Salz sehr steif schlagen. Die Eigelb mit Butter, Puder- und Vanillezucker cremig rühren. Den Quark, die Rosinen und das Backpulver unterrühren.
Den Eischnee vorsichtig unterheben, alles in die gebutterte mit Semmelbrösel ausgestreute Form füllen. Die restlichen Semmelbrösel darüber streuen.
Den Backofen auf 180 °C vorheizen, den Auflauf 45-50 Minuten backen.

Suflet z twarogiem i brzoskwiniami

APRIKOSENQUARK-SOUFFLÉ

FÜR 4 PERSONEN

3 Eier
3 El Zucker
250 g Sahnequark
3 El Aprikosenmarmelade
(leicht erwärmt, dadurch wieder flüssig)

Die Eier trennen. Das Eiweiß mit 1 El Zucker sehr steif schlagen. Die Eigelb mit dem Quark vermischen, den restlichen Zucker und die lauwarme Aprikosenmarmelade unterziehen. Eine Auflaufform mit Butter ausstreichen, die Quarkmasse einfüllen und glatt streichen. Den Eischnee locker darüber verteilen.
Die Auflaufform in den auf 200 °C vorgeheizten Backofen schieben und 15-20 Minuten backen. Wenn der Eischnee eine goldbraune Farbe hat, das Soufflé aus dem Ofen ziehen. Noch warm servieren.

R. Kirstein

Fisch

Fisch

Die polnischen Seen und Flüsse sind bekannt für ihren Fischreichtum. Das sorgte auch in mageren Zeiten für eine ausreichende Ernährung.
Leider sind einige Süsswasserfische wie Karpfen oder Schleie recht grätenreich. Der Karpfen lebt als Wildfisch in träge fließendem oder stehendem, schlammreichen Gewässer. Er sollte vor dem Verarbeiten mindestens 24 Stunden in klarem, frischem und fließendem Wasser gehalten werden.
Forelle und Zander mit ihrem fast grätenlosen feinen Fleisch lassen sich mühelos verarbeiten.
Die Frische eines Fisches erkennt man an den rosaroten Kiemen, am festen Fleisch und am frischen Geruch. Auf Fingerdruck sollten keine Dellen zurückbleiben.

Sledzie w occie po polsku

EINGELEGTE HERINGE POLNISCHE ART

FÜR 4 PERSONEN

4 filetierte Heringe ohne Haut und Gräten (vom Fischhändler vorbereiten lassen)
Fischmilch (vom Händler mitgeben lassen)
2 Zwiebeln, in feine Ringe geschnitten
1 Zitrone, geschält, in Scheiben geschnitten
Saft von 3 Zitronen
500 ml Sahne
1 Prise Zucker
1 El Pfefferkörner
1 Tl Pimentkörner
3 Lorbeerblätter

Die Filets für einige Zeit wässern, das Wasser öfter wechseln. Aus dem Wasser nehmen und trocken tupfen.
Ein Glasgefäß schichtweise mit dem Fisch, Zwiebelringen, Zitronenscheiben, Pfefferkörnern, Pimentkörnern und den Lorbeerblättern auslegen.
Die Fischmilch durch ein feines Sieb streichen und mit der Sahne und dem Zitronensaft mischen. Eine Prise Zucker zufügen.
Die Flüssigkeit über die Fische gießen und alles für 24 Stunden in den Kühlschrank stellen.
Mit Bratkartoffeln servieren.

An Heiligabend werden zwölf Gänge serviert – für jeden Jünger des Herren eines –, die aber alle kein Fleisch enthalten. Das Hauptgericht ist auf jeden Fall der Karpfen. Er wird in einer süßsauren Soße angerichtet. Das Rezept ist etwas aufwändig, aber dafür umso schmackhafter.

Karp wigilijny

WEIHNACHTSKARPFEN

FÜR 6 PERSONEN

1 Karpfen (1,5 kg), ausgenommen und geschuppt
1 l Fischfond
1 l Wasser
40 g Butter
1 Zwiebel, fein gehackt
1 Tl Ingwer, gerieben
2 Lorbeerblätter
4 El Mehl
400 ml Gemüsebrühe
200 ml trockener Rotwein
2 El Zucker
Saft einer halben Zitrone
3 El Mandeln, gehackt
3 El Rosinen
Salz
Weißer Pfeffer aus der Mühle

Den Fisch unter fließendem kalten Wasser waschen. In einem Fischtopf den Fischfond mit dem Wasser erhitzen und den Karpfen auf dem Sieb hineinlegen. Den Deckel auflegen und ca. 30 Minuten leise köcheln lassen. Danach den Fisch aus dem Fond heben und die Haut abziehen. Auf eine Platte legen und mit Alufolie abdecken.

Während der Fisch gar kocht, die Butter in einem Topf erhitzen, die Zwiebel mit Ingwer und Lorbeerblättern darin weich dünsten. Mit Mehl bestäuben, Gemüsebrühe und den Rotwein angießen. Unter Rühren aufkochen und Zucker, Zitronensaft, Mandeln und Rosinen einrühren. Mit Pfeffer und Salz abschmecken.

Die Soße sollte ein süßsaures Aroma haben. Etwas von der Soße über den Fisch gießen, den Rest separat reichen.

Pstrag duszony z kremen orzechowym

GEDÜNSTETE FORELLEN MIT WALNUSSCREME

FÜR 4 PERSONEN

750 ml Wasser
1 Zwiebel, grob gehackt
2 Lorbeerblätter
1 Tl Pfefferkörner
4 Pimentkörner
4 Forellen, vom Fischhändler ausgenommen
Weißer Pfeffer aus der Mühle
Salz
4 Dillstängel
4 Petersilienstängel

Für die Walnusscreme:
200 ml Sahne
150 g Walnüsse, gemahlen
1 Prise Salz
Weißer Pfeffer aus der Mühle

Das Wasser mit Zwiebel, Lorbeerblättern, Pfeffer- und Pimentkörnern im Fischtopf aufkochen. Die Forellen an der Bauchseite öffnen und innen pfeffern und salzen. In jeden Forellenbauch einen Dill- und Petersilienstängel stecken. Forellen auf das Sieb legen und in dem Sud ca. 15 Minuten garen. Die Flüssigkeit darf nicht kochen sondern nur simmern.
Die Sahne steif schlagen, die gemahlenen Walnüsse unterheben, mit Salz und Pfeffer würzen.
Die Fische aus dem Sud heben und die Kräuter aus den Bäuchen entfernen.
Forellen auf Teller anrichten und neben jede Forelle einen Klecks der Walnusscreme setzen. Die restliche Creme separat servieren.
Dazu feines Weißbrot reichen.

Wątlusz w śmietanie chrzanowej

KABELJAU IN MEERRETTICHSAHNE

FÜR 4 PERSONEN

300 ml Wasser
1 Lorbeerblatt
1 Tl Pfefferkörner
Salz
800 g Kabeljaufilet
2 El Butter
3 El Mehl
4 El geriebener Meerrettich (aus dem Glas)
300 ml Sahne
1 Zitrone, in Spalten geschnitten
Fett für die Form

Das Wasser mit Lorbeerblatt, Pfefferkörnern und Salz aufkochen. Das Kabeljaufilet in vier gleich große Stücke teilen und in das gewürzte Wasser legen. Die Hitze reduzieren und die Filetstücke darin ca. 5 Minuten dünsten. Dann den Fisch aus dem Sud heben und in die gebutterte Auflaufform legen.
Den Fischsud durch ein Sieb geben und auffangen. Die Butter in einem Topf erhitzen, das Mehl einrühren und mit dem Fischsud aufgießen. Den Meerrettich einrühren, aufkochen lassen und die Soße vom Herd ziehen. Die Sahne halbsteif schlagen und unter die Meerrettichsoße ziehen. Die Soße über den Fischfilets verteilen.
Im auf 200 °C vorgeheizten Backofen etwa 10 Minuten überbacken.
Mit Zitronenspalten garniert servieren.

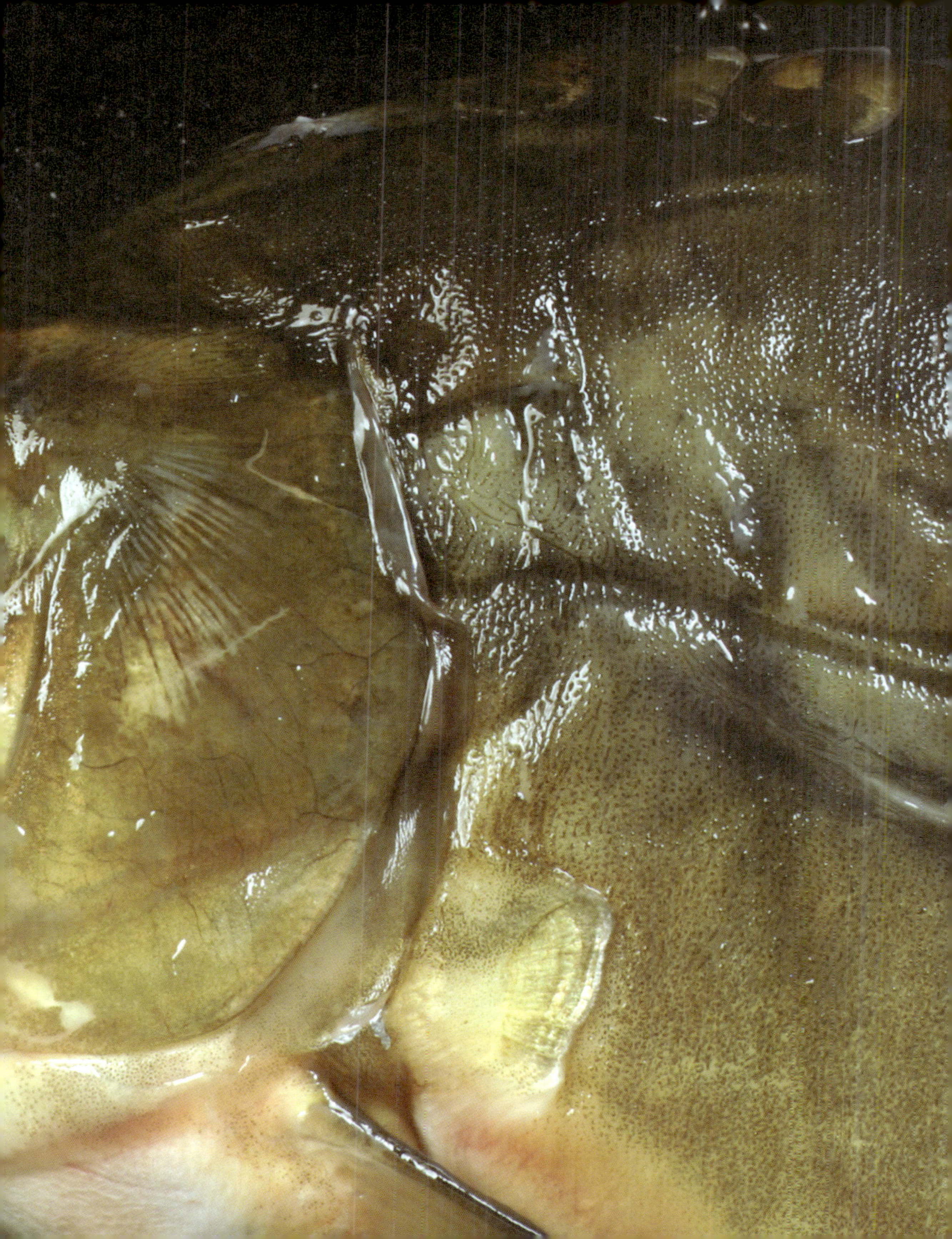

Sandacz duszony

GEDÜNSTETER ZANDER

FÜR 4 PERSONEN

1 Zander, ca. 1 kg, küchenfertig
200 ml Weißwein
200 ml Wasser
2 Lorbeerblätter
1 Tl Piment
1 Tl Pfefferkörner
1 Stange Lauch, geputzt und grob zerteilt
3 El Butter
3 hart gekochte Eier, gehackt
1 El gehackte Petersilie
Weißer Pfeffer aus der Mühle
Salz

Den Zander gründlich unter fließendem Wasser waschen.

Aus Weißwein, Wasser mit Lorbeerblättern, Piment-, Pfefferkörner und Lauch im Fischtopf einen Sud kochen. Den Zander auf das Sieb legen und in der Brühe ca. 25 Minuten köcheln.

In einer Pfanne die Butter schmelzen. Die gehackten Eier mit Petersilie, Pfeffer und Salz erhitzen.

Den Zander aus dem Sud heben, auf einer Platte anrichten und die heißen Petersilieneier dazu reichen.

Filety z dorsza w cieście

DORSCHFILET IM TEIGMANTEL

FÜR 4 PERSONEN

500 g Dorschfilet
Saft von 1 Zitrone
150 g Mehl
150 ml Milch
2 Eier
Salz
Weißer Pfeffer aus der Mühle
4 El Butter
1 El Pflanzenöl

Dorschfilet in vier gleich große Stücke teilen. Waschen, trocken tupfen und mit Zitronensaft beträufeln.

Mehl mit Milch, Eiern, Salz und Pfeffer mit dem Handmixer in einer Schüssel aufschlagen. Es sollte ein dickflüssiger Teig entstehen. Einige Zeit stehen lassen.

In einer Pfanne Butter mit Öl erhitzen. Die Fischfilets durch den Teig ziehen und in der Pfanne von beiden Seiten goldbraun ausbacken.

Dazu passt ein frischer Gurkensalat mit Dill und kleine Salzkartoffeln.

Szczu pak

SEEHECHT IM PÄCKCHEN

FÜR 4 PERSONEN

600 g Seehechtfilet
Weißer Pfeffer aus der Mühle
Salz
1 El Zitronensaft
1 Bogen Pergamentpapier (40x40)
3 El Butter
1 Möhre, in feine Streifen geschnitten
1 Stange Lauch, in feine Streifen geschnitten
1 Eiweiß

Das Fischfilet waschen, trocken tupfen, pfeffern, salzen, mit Zitronensaft beträufeln und mit Klarsichtfolie abdecken.

Den Pergamentbogen zu einem Dreieck falten, wieder aufklappen und die Innenseiten mit Butter bepinseln. Auf der Unterseite die Hälfte der Gemüsestreifen anrichten. Darauf den Fisch legen und mit den restlichen Gemüsestreifen belegen. Den Pergamentbogen an allen drei Seiten fest zusammenfalten. Mit einem Pinsel das Eiweiß auf die Ränder auftragen, das verschließt sie beim Garen zusätzlich. Den eingeschlagenen Seehecht auf ein Backblech legen und im auf 200 °C vorgeheizten Backofen ca. 30 Minuten garen.

Zum Servieren das Papier auf der Oberseite kreuzförmig einschneiden, auseinander klappen und noch Dampfend zu Tisch bringen.

Karp à la Bona Sforza

KARPFEN BONA SFORZA

FÜR 4 PERSONEN

1 Karpfen, ca. 1 kg, küchenfertg
1 Tl Zucker
1 Msp. Zimt
1 Msp. Gewürznelken, gemahlen
1 Stange Lauch, gewaschen, in Ringe geschnitten
1 Möhre, geschält, in Scheiben geschnitten
1 Petersilienwurzel, geschält, in grobe Stücke geschnitten
1 Zwiebel, geschält, in Ringe geschnitten
Salz
2 El Zitronensaft
4 El Mehl
5 El Butter
1 El Öl
150 ml trockener Rotwein
1 Tl Ingwer, gerieben
250 g Backpflaumen

Den Karpfen waschen, längs halbieren die Mittelgräte entfernen und den Fisch schräg in Portionen schneiden. Mit den Gewürzen einreiben. Eine Hälfte vom Gemüse auf eine große Platte legen, darauf den Fisch geben und mit dem restlichen Gemüse bedecken. Für 3 Stunden ruhen lassen. Dann das Gemüse entfernen, den Fisch salzen, mit Zitronensaft beträufeln und im Mehl wenden.

Das Fett in einer Pfanne erhitzen und die Karpfenstücke darin braun braten.

Den Rotwein mit Ingwer und Backpflaumen in einen Mixer geben und pürieren.

Die Karpfenstücke auf einer Platte anrichten, dazu die kalte Pflaumensoße reichen.

Pstrąg panierowany

PANIERTE SCHLEIE

FÜR 4 PERSONEN

1 kg Schleie (vom Fischhändler ausnehmen lassen)
Salz
Pfeffer
4 El Mehl
2 Eier
4 El Semmelbrösel
5 El Butter
2 El Öl

Den Fisch gründlich waschen, längs halbieren, Mittelgräte herauslösen, Flossen und Schwanz abschneiden.
Mit Salz und Pfeffer würzen, im Mehl wenden.
Die Eier verschlagen, die Fischstücke darin wenden und in den Semmelbröseln wälzen.
Das Fett in einer Pfanne erhitzen, darin die Fischhälften von beiden Seiten braun braten.
Dazu schmeckt Kartoffelsalat.

Łosos grilowany

LACHS VOM GRILL

FÜR 4 PERSONEN

1 Lachsforelle, küchenfertig
einige Dill- und Petersilienzweige
Weißer Pfeffer aus der Mühle
Salz
5 El Butter
2 unbehandelte Zitronen, in Spalten geschnitten
Alufolie

Den Lachs innen und außen waschen und trocken tupfen. In die Bauchöffnung Dill- und Petrsilienzweige stecken, kräftig pfeffern und salzen.
Die Alufolie mit der glänzenden Seite nach oben auf die Arbeitsfläche legen. Mit 2 El Butter bepinseln. Den Fisch auflegen und mit Zitronenspalten belegen. Die Alufolie sorgfältig verschließen und auf den heißen Grill legen. Von beiden Seiten ca. 25 Minuten grillen.
Die Alufolie öffnen, den Fisch portionieren und mit der restlichen Butter bestrichen servieren.

Pstrąg pieczony w folii

BACHFORELLEN IN PERGAMENTPAPIER GEBACKEN

FÜR 4 PERSONEN

4 Bachforellen, küchenfertig
Weißer Pfeffer aus der Mühle
Salz
3 El Zitronensaft
3 El Butter
300 g Champignons, feinblättrig geschnitten
3 El gehackte Petersilie
2 Eigelb
3 El saure Sahne
2 cl Weinbrand
4 Bögen Pergamentpapier
Küchengarn

Fische waschen, trocken tupfen, pfeffern, salzen und mit etwas Zitronensaft beträufeln.
Die Butter in einer Pfanne erhitzen und darin die Pilze braten. Abgekühlt mit Petersilie, Eigelb, saurer Sahne und Weinbrand vermischen.
4 gleich große Pergamentstücke schneiden, mit wenig Butter bestreichen, Forellen auflegen und mit der Pilzmischung belegen. Die Pergamentbögen an den Enden wie ein Bonbon zusammenbinden und die Fische im Backofen bei 200 °C etwa 25 Minuten backen.
Das Pergament erst bei Tisch öffnen und das entweichende Aroma genießen.

Pstrąg z kapustą kiszoną

FORELLE AUF SAUERKRAUT

FÜR 4 PERSONEN

2 Forellen (vom Fischhändler ausnehmen lassen)
Salz
Pfeffer
4 El Mehl
5 El Butter
2 El Öl
50 g getrocknete Steinpilze
3 El Butter
2 Zwiebeln, fein gewürfelt
700 g Sauerkraut
1 Tl Kümmel
5 El Käse, gerieben
250 ml Sahne
Butter für die Form

Die Fische waschen, längs halbieren, Mittelgräte herauslösen, Flossen und Schwanz abschneiden. Mit Salz und Pfeffer würzen, im Mehl wenden. Butter mit Öl in einer Pfanne erhitzen, darin die Fischhälften braun braten.

Die Pilze in heißem Wasser einweichen. Die Butter in einem Topf erhitzen, die Zwiebeln mit dem Sauerkraut darin anbraten. Mit etwas Pilzwasser ablöschen. Mit Pfeffer, Salz und Kümmel würzen. Für 15 Minuten stark kochen lassen. Danach die Pilze klein schneiden und unter das Sauerkraut mischen.

Eine große Auflaufform mit Butter auspinseln, das Sauerkraut einfüllen, die Fischhälften darauf anrichten. Mit der Sahne begießen, den geriebenen Käse darüber streuen und im auf 180 °C vorgeheizten Backofen 20-25 Minuten überbacken.

Karp gotowany z masłem i jarzynami

GEKOCHTER KARPFEN IN BUTTERGEMÜSE

FÜR 4 PERSONEN

1 Stange Lauch, in feine Ringe geschnitten
2 Möhren, geschält, in feine Stifte geschnitten
100 g Knollensellerie, geschält und gewürfelt
1 kg Karpfen, ausgenommen und in Stücke geschnitten
3 El glatte Petersilie, gehackt
Salz
Weißer Pfeffer aus der Mühle
2 Lorbeerblätter
1 Msp. Piment, gemahlen
4 El Butter

Das geputzte, klein geschnittene Gemüse mit Wasser bedecken, salzen und pfeffern und für 30 Minuten kochen.
Den in Stücke geschnittenen Karpfen mit allen Gewürzen auf das Gemüsebett legen und 15 Minuten garen.
Den fertigen Fisch mit dem Gemüse auf einer Platte anrichten. Die Butter in einem Töpfchen schmelzen und über den Fisch und das Gemüse gießen. Mit Salzkartoffeln servieren.

Pstragi słodko-kwaśne

FORELLE SÜSS-SAUER

FÜR 4 PERSONEN

4 Forellen
4 El Butter
100 g Kirschkonfitüre
2 cl Kirschwasser
Salz
Weißer Pfeffer aus der Mühle
1/2 Tl Zucker
3 El Zitronensaft

Die Forellen waschen, trocken tupfen, leicht pfeffern und salzen. In der Butter von beiden Seiten braten. Die Forellen aus der Pfanne heben und beiseite stellen.
Im Bratfett die Konfitüre schmelzen, mit Kirschwasser parfümieren und kräftig aufkochen lassen. Mit Salz, Pfeffer, Zucker und Zitronensaft abschmecken.
Die Forellen mit der Kirschsoße begießen.
Mit selbstgemachten Bandnudeln (siehe Seite 72) servieren.

Węgorz smażony

GEBRATENER AAL

FÜR 4 PERSONEN

1 Aal von 1 kg (vom Fischhändler ausnehmen und häuten lassen)
1 Stange Lauch, in feine Ringe geschnitten
1 Möhre, in feine Scheiben geschnitten
100 g Knollensellerie, geputzt und gewürfelt
Salz
Weißer Pfeffer aus der Mühle
4 El Mehl
3 Eier
6 El Semmelbrösel
5 El Butter
2 El Öl
1 Zitrone

Den Aal in 6-8 dicke Stücke schneiden und beiseite stellen.
Das Gemüse in 750 ml Wasser 30 Minuten kochen. Mit Pfeffer und Salz abschmecken.
Die Aalstücke dazugeben. Die Herdplatte ausschalten und den Aal darin gar ziehen lassen.
Nach 15 Minuten die Aalstücke aus der Brühe heben. Pfeffern, salzen und mit Mehl bestäuben.
Die Eier verquirlen und die einzelnen Aalstücke erst im Ei und dann in den Semmelbröseln wälzen.
In einer Pfanne das Fett erhitzen und die Aalstücke darin knusprig ausbraten.
Nach dem Braten aus der Pfanne heben und auf einer Platte, die mit Salatblättern ausgelegt ist, anrichten. Mit Zitronenspalten und Remouladensoße (siehe Seite 34) reichen.

GDAŃSKI
KREM JAJECZNY
0,5 l
25% obj.

AŃSKI
KREM JAJECZNY
0,5 l
ADVOCAAT
GDAŃ
KREM JA
25% obj.

Fleisch

Fleisch

In Polen wird gerne, oft und viel Fleisch gegessen. Eine Portion Fleisch pro Tag ist normal. Das raue Klima des Landes lässt allerdings auch den Wunsch nach gut gefüllten Fleischtöpfen aufkommen. Rind-, Schwein- und Kalbfleisch werden in allen Variationen genossen. Außerdem lassen sich Fleisch- und Soßenreste wunderbar in den beliebten Nudeltäschchen verarbeiten. Eine große Leidenschaft der Polen ist die Jagd. Somit stehen auch oft Wildgerichte auf dem Speiseplan. Mit herzhaften Soßen, die die köstlichen Beilagen wie Knödel, Nudeln oder gefüllte Teigtäschen erst richtig zur Geltung kommen lassen, sind sie ein unbedingtes Muss für jeden Freund der polnischen Küche.

Mięso gotowane w sosie musztardowym

SIEDFLEISCH MIT MEERRETTICHSOSSE

FÜR 4 PERSONEN

2 El Pflanzenöl
1 kg falsches Rinderfilet mit Fett
2 Zwiebeln, halbiert mit Schale
1 Stange Lauch, geputzt und grob zerkleinert
2 Möhren, gewaschen, grob zerkleinert
3 Lorbeerblätter
2 Gewürznelken
1 Tl Pfefferkörner
3 Knoblauchzehen, geschält
1 Stück Knollensellerie, geschält, grob zerkleinert

Für die Meerrettichsoße
2 El Butter
2 El Mehl
250 ml Kochsud
4 El Meerrettich (aus dem Glas)
200 ml saure Sahne

In einem großen Topf das Fleisch mit der Fettseite in heißem Öl anbraten. Die halbierten Zwiebeln mit der Schnittseite nach unten neben das Fleisch setzen und kräftig Farbe nehmen lassen. Mit so viel heißem Wasser angießen, dass das Fleisch bedeckt ist. Gemüse und Gewürze zufügen. Zum Kochen bringen und bei schwacher Hitze ca. 3 Stunden köcheln.

Wenn sich Schaum auf der Oberfläche bildet, nicht abschöpfen, denn er klärt den Sud.

Für die Meerrettichsoße die Butter in einem Topf erhitzen, mit Mehl bestäuben und einbrennen lassen. Mit der angegebenen Menge Kochsud angießen und dicklich einkochen. Den Meerrettich unterrühren und aufkochen. Hitze reduzieren, saure Sahne einrühren und vom Herd ziehen.

Das Fleisch aus dem Sud heben, in dünne Scheiben schneiden und mit Meerrettichsoße und Salzkartöffelchen servieren.

Kluski mięsne po polsku

FLEISCHKLÖSSCHEN POLNISCHE ART

FÜR 4 PERSONEN

400 g Schweinehackfleisch
200 g Rinderhackfleisch
2 Brötchen vom Vortag
2 Zwiebeln, fein gewürfelt
2 gehackte Knoblauchzehen
2 El Petersilie, gehackt
2 El Schnittlauch in feinen Röllchen
2 Eier
Salz
Schwarzer Pfeffer aus der Mühle
1 Tl Paprikapulver
3 El Semmelbrösel
4 El Butter
2 El Öl

Das Gehackte in eine große Schüssel geben. Die Brötchen in lauwarmen Wasser einweichen. Ausdrücken und zum Fleisch geben. Mit allen anderen Zutaten außer den Semmelbröseln mit den Händen vermengen. Es muss eine homogene Masse entstehen.
Mit einem Esslöffel gleich große Mengen abstechen und mit feuchten Händen kleine ovale Fleischklößchen formen. Klößchen in den Semmelbröseln wälzen.
Das Fett in einer großen Pfanne erhitzen, darin die Fleischklößchen von allen Seiten braun braten. Auf einem Teller, der mit Küchenkrepp ausgelegt ist, abtropfen lassen.
Dazu passen Kartoffeln und Rotkohl.

Pieczeń wieprzowa z kminkien

SCHWEINEBRATEN MIT KÜMMEL

FÜR 4 PERSONEN

750 g Schweinebraten
1 Tl Kümmel
1 Tl Majoran, getrocknet
Salz
Schwarzer Pfeffer aus der Mühle
2 El Öl
500 g Zwiebeln, gewürfelt
3 El Butterschmalz
250 ml Gemüsebrühe

Den Schweinebraten in eine Schüssel legen. Die Gewürze mit dem Öl vermischen und den Schweinebraten damit gut einreiben. Die Schüssel abdecken und für 8 Stunden in den Kühlschrank stellen. Ab und zu den Braten wenden.
Butterschmalz in einer Kasserolle erhitzen, die Zwiebeln dazugeben und leicht Farbe nehmen lassen. Den marinierten Braten in den Topf geben und von allen Seiten anbraten. Etwas Brühe angießen und den Deckel auflegen. Auf kleiner Flamme ca. 2 Stunden schmoren, dabei immer wieder den Braten begießen. Zuerst mit der Brühe, später mit dem Bratensaft.
Das Fleisch aus dem Fond heben und abgedeckt ruhen lassen. In der Zeit die Soße mit dem Stabmixer aufschlagen und dadurch binden. Den Braten in Scheiben schneiden und mit der Soße auftragen.
Als Beilage empfehle ich Salzkartoffeln.

Filet wołowny z grzybami

RINDERFILET MIT PILZEN

FÜR 4 PERSONEN

500 g Rinderfilet
Salz
Schwarzer Pfeffer aus der Mühle
3 El Butterschmalz
50 g Steinpilze, getrocknet in 125 ml heißem Wasser eingeweicht
700 g Kartoffeln, geschält, in Scheiben geschnitten
2 Zwiebel, geschält, in Scheiben geschnitten
200 ml saure Sahne
2 Knoblauchzehen, in Salz zerrieben

Das Rinderfilet putzen und in 2 cm dicke Scheiben schneiden. Mit Salz und Pfeffer würzen. In Butterschmalz anbraten und wieder aus der Pfanne heben. Die Pilze ausdrücken, klein schneiden; den Pilzsud durch einen Kaffeefilter gießen und auffangen. In der Pfanne das restliche Fett erhitzen. Die Kartoffelscheiben hineinlegen, darauf die Zwiebelringe verteilen. Die Filetscheiben mit den Pilzen darüber geben. Die saure Sahne mit dem Pilzwasser und dem Knoblauch vermischen und über den Pfanneninhalt gießen. Die Pfanne rütteln, damit sich alles verteilt. Den Deckel auflegen und auf kleiner Flamme ca. 30 Minuten schmoren. Hin und wieder die Pfanne rütteln, damit nichts ansetzt.
In der Pfanne servieren.

Kasler pieczony w cieście

KASSELER IN DER HÜLLE GEBACKEN

FÜR 4 PERSONEN

1 1/2 kg Kasseler ohne Knochen, mild geräuchert
4 El Öl
3 Knoblauchzehen, zerdrückt
1 El Majoran, getrocknet
1 Tl schwarzer Pfeffer, grob gemahlen
1 El Senf
1 großer Bogen Pergamentpapier
Küchengarn

Das Kasseler waschen, trocken tupfen und in einen großen Gefrierbeutel legen. Aus dem Öl mit den Gewürzen und Kräutern eine Marinade rühren und über das Fleisch geben. Den Gefrierbeutel gut verschließen und das Fleisch für 24 Stunden darin marinieren.
Einen großen Bogen Pergamentpapier zurechtlegen. Das Fleisch mit der Marinade darauf legen. Das Papier zusammenraffen und mit Garn zubinden. 2 Stunden bei 180 °C im Backofen backen. Nach der Backzeit das Fleisch aus der Hülle nehmen und in Scheiben schneiden. Den ausgetretenen Bratensaft auffangen und über die Fleischscheiben geben.
Dazu schmeckt kräftiges Landbrot, Senf und ein kaltes Bier.

Mostek wieprzowy z cebulką i śliwkami

SCHWEINEKAMM MIT PFLAUMEN

FÜR 4 PERSONEN

1 $^1/_2$ kg Schweinekamm
(vom Metzger die Knochen frei schaben lassen)
4 El Honig
3 El Zitronensaft
Salz
Schwarzer Pfeffer aus der Mühle
3 El Butterschmalz
150 ml Gemüsebrühe
200 g kleine Perlzwiebeln, geschält
100 g Backpflaumen, halbiert
Küchengarn
1 Tl Speisestärke

Den Schweinekamm mit 3 El Honig, Zitronensaft, Salz und Pfeffer einreiben, abdecken und für 24 Stunden im Kühlschrank ruhen lassen.

Butterschmalz in einer Kasserolle erhitzen und das Fleisch von allen Seiten anbraten. Den Deckel auflegen und nach und nach die Gemüsebrühe angießen. Ca. 1 $^1/_2$ Stunden bei mittlerer Hitze braten. 30 Minuten vor Ende der Garzeit die Perlzwiebeln und die halbierten Pflaumen dazugeben und das Fleisch mit dem restlichen Honig übergießen. Immer wieder wenden, damit die Perlzwiebeln gleichmäßig bräunen.

Den Schweinekamm aus dem Topf heben, mit Küchengarn zur Krone binden. Die Krone mit den Perlzwiebeln und den Pflaumen füllen. Den Bratensatz im Topf mit etwas Wasser loskochen, abschmecken und Speisestärke binden. Zum Schweinekamm reichen.

Szaszłyk z migdałami i śliwkami

SPIESSE MIT GEFÜLLTEN PFLAUMEN

FÜR 4 PERSONEN

500 g Schweinefilet
200 g Räucherspeck
20 geschälte Mandeln
20 Backpflaumen
4 Zwiebeln, in Viertel geschnitten
4 Spieße aus Metall
4 El Öl
Salz
Schwarzer Pfeffer aus der Mühle
1 El Salbei, gehackt
1 El Estragon, gehackt
1 Msp. Piment
125 ml heißes Wasser
2 El Honig
3 El Tomatenmark
2 El Essig

Das Schweinefilet und den Speck in 20 gleichmäßige Scheiben schneiden. Die geschälten Mandeln in die Backpflaumen stecken. Diese Zutaten mit den geviertelten Zwiebeln gleichmäßig auf die 4 Spieße verteilen.
Das Öl mit den Gewürzen und den Kräutern mischen, und die Fleischspieße mit der Marinade einpinseln. Die Spieße etwa 1 Stunde in der Marinade ruhen lassen.
Eine große Pfanne ohne Fett erhitzen und die marinierten Spieße darin von beiden Seiten braun braten. Die Spieße mit Alufolie abdecken. Den Bratensatz mit heißem Wasser loskochen. Honig, Tomatenmark und Essig zufügen. Aufkochen und abschmecken. Die Soße zu den Schaschlikspießen reichen.
Als Beilage ist Reis empfehlenswert.

Mostek cielęcy nadziewany

GEFÜLLTE KALBSBRUST

FÜR 4 PERSONEN

1 kg Kalbsbrust (vom Metzger eine Tasche einschneiden lassen)
Salz
Schwarzer Pfeffer aus der Mühle
2 Brötchen vom Vortag
125 ml lauwarme Milch
1 Zwiebel, gewürfelt
2 El Butter
3 Eier, getrennt
3 El Petersilie, gehackt
2 El Dill, gehackt
2 El getrocknete Tomaten, gehackt
Muskatnuss, frisch gerieben
Küchengarn
1 dicke Stopfnadel
3 El Butterschmalz
125 ml Fleischbrühe

Die Kalbsbrust innen pfeffern und salzen. Die Brötchen in Scheiben schneiden, in eine Schüssel füllen und mit der Milch übergießen. Die Zwiebel in der Butter glasig dünsten.

Die Brötchen ausdrücken und in eine große Schüssel geben. Mit den gedünsteten Zwiebeln, den Eigelb, den Kräutern und den Gewürzen mischen. Das Eiweiß steif schlagen und unter die Masse ziehen.

Die Mischung in die Kalbsbrust füllen und die Tasche mit Küchengarn zunähen. Das Fleisch von außen salzen und pfeffern. Butterschmalz in einer Kasserolle erhitzen und die Kalbsbrust von allen Seiten braten.

Nach und nach die Fleischbrühe zugeben und den Braten ca. 1 1/2 Stunden schmoren.

Die Kalbsbrust in Scheiben schneiden und servieren. Dazu passen Klöße und ein frischer Salat.

Fałszywy sznycel

FALSCHES SCHNITZEL

FÜR 4 PERSONEN

Eine polnische Spezialität. Hier können wunderbar die Reste vom Siedfleisch verwendet werden.

1 Zwiebel, gewürfelt
1 El Butter
300 g gekochtes Rindfleisch, sehr klein geschnitten
3 El Semmelbrösel
1 Ei
2 El glatte Petersilie, fein gehackt
Salz
Weißer Pfeffer aus der Mühle

Für die Panade:
1 Ei, verquirlt
5 El Semmelbrösel
3 El Butterschmalz

Die gewürfelte Zwiebel in der Butter glasig dünsten. In eine Schüssel füllen. Mit den anderen Zutaten vermischen. In vier Portionen teilen. In eine flache, ovale Form bringen, die an ein Schnitzel erinnert, und im verquirlten Ei und anschließend im Semmelmehl wälzen.
Butterschmalz in einer Pfanne erhitzen und die falschen Schnitzel von beiden Seiten braun braten. Noch heiß mit Blattsalat servieren.

Kluski cielęce z kaperem

KALBFLEISCHKLÖSSCHEN MIT KAPERNSOSSE

FÜR 4 PERSONEN

500 g gehacktes Kalbfleisch
4 El Semmelbrösel
2 Eier
1 Tl Petersilie, fein gehackt
1 Tl getrockneter Majoran, zwischen den Händen zerrieben
Salz
Weißer Pfeffer aus der Mühle

Für die Soße:
1 El Butter
1 Zwiebel, gewürfelt
1 El Mehl
500 ml Gemüsebrühe
50 g Kapern
1 Lorbeerblatt
125 ml Sahne
Salz
Weißer Pfeffer aus der Mühle

Das gehackte Kalbfleisch mit allen Zutaten gründlich vermischen.
Mit einem Löffel kleine Fleischklöße abstechen. Mit den Händen zu Kugeln formen, die die Größe eines Tischtennisballs haben und auf einen Teller legen.
Für die Soße die Butter in einem Topf schmelzen, darin die Zwiebel andünsten. Mit Mehl bestreuen und die Gemüsebrühe angießen. Die Kapern mit dem Lorbeerblatt zufügen und alles aufkochen.
Die Fleischbällchen mit einem Schaumlöffel in die Soße geben, die Hitze reduzieren. Die Klöße in der Soße ca. 20 Minuten garen lassen.
Die Sahne halb steif schlagen und unter die Soße ziehen. Mit Pfeffer und Salz abschmecken.
Dazu passt Reis und eingelegte Rote Bete.

Rolady wołowe z mielonym mięsem

RINDERROULADEN MIT BRÄTFÜLLUNG

FÜR 4 PERSONEN

4 Rinderrouladen
4 Scheiben Frühstücksspeck ohne Schwarte
2 frische Bratwürste, aus dem Darm gedrückt
1 Tl Senf
1 Dillgurke, gewürfelt
Schwarzer Pfeffer aus der Mühle
Salz
4 Holzstäbchen
2 El Butter
1 El Öl
2 Zwiebeln, gewürfelt
125 ml heiße Rinderbrühe
3 El saure Sahne

Die Rinderrouladen auf der Arbeitsfläche ausbreiten und mit dem Frühstücksspeck belegen. In einer Schüssel den Inhalt der Bratwürste mit dem Senf, der Dillgurke, Pfeffer und Salz mischen. Damit die Rouladen bestreichen, aufwickeln und mit Holzstäbchen feststecken. Mit Pfeffer und Salz würzen.
In einer schweren Pfanne mit Deckel das Fett erhitzen. Die Rouladen mit den Zwiebeln dazugeben und von allen Seiten braun anbraten. In kleinen Mengen die heiße Rinderbrühe angießen und alles ca. 1 1/2 Stunden in der geschlossenen Pfanne schmurgeln. Dann die Rouladen aus der Pfanne heben und mit Alufolie abdecken. Den Bratensatz mit etwas Wasser oder Rinderbrühe loskochen, mit Pfeffer, Salz und der sauren Sahne abschmecken. Wer möchte, kann die Soße noch zusätzlich mit Mehl binden.

Mostek barani w sosie winnym

LAMM IN WEISSWEINSOSSE

FÜR 4 PERSONEN

1 kg Lammfleisch (Brust)
1 El Butter
1 Zwiebel, fein gehackt
1 Möhre, geschält, in Scheiben geschnitten
1 Lauchstange, geputzt und in feine Ringe geschnitten
1 Petersilienwurzel, geschält und gewürfelt
1 Stück Knollensellerie, geschält und gewürfelt
Salz
Weißer Pfeffer aus der Mühle
500 ml Gemüsebrühe
125 ml Weißwein
2 Eigelb
3 El Sahne

Das Fleisch in einem Bräter mit der Butter von allen Seiten anbraten. Das Wurzelgemüse mit Pfeffer und Salz zufügen und abgedeckt ca. 15 Minuten dünsten. Die Hälfte der Gemüsebrühe angießen, für weitere 30 Minuten schmoren. Das Fleisch hin und wieder wenden und die restliche Brühe angießen. Nach 1 1/2 Stunden ist das Fleisch gar und kann aus dem Bräter gehoben werden. Auf einer Platte mit Alufolie abdecken.
Das Gemüse mit dem Stabmixer pürieren, den Weißwein angießen und die Soße aufkochen. Die Eigelb mit der Sahne vermischen. Die Soße von der Herdplatte ziehen und mit der Eiersahne legieren. Mit Pfeffer und Salz abschmecken. Das Lammfleisch in Scheiben schneiden, auf der Platte anrichten und mit etwas Soße begießen. Die restliche Soße separat dazu reichen.

Sznycel cielecy nadziewany

GEFÜLLTE KALBSSCHNITZEL

FÜR 4 PERSONEN

8 kleine Kalbsschnitzel
Salz
Weißer Pfeffer aus der Mühle
1 Zwiebel, fein gewürfelt
1 El Butter
3 Scheiben gekochter Schinken
100 g Kalbfleischfarce (beim Metzger bestellen)
2 Eigelb
2 El Crème fraîche
1 Tl Sardellenpaste
1 El Kapern, gehackt
2 El Petersilie, fein gehackt
3 El Mehl
1 Eigelb für die Ränder
Holzzahnstocher
3 El Butterschmalz

Die Kalbsschnitzel unter Plastikfolie vorsichtig klopfen. Dann salzen, pfeffern und beiseite stellen.
Die fein gewürfelte Zwiebel in der Butter glasig dünsten. Den Schinken in feine Streifen schneiden und mit der Kalbfleischfarce zu den Zwiebeln in die Pfanne geben. Knusprig braten und vom Herd nehmen.
Ein Eigelb mit Crème fraîche, Sardellenpaste, gehackten Kapern und der Petersilie in die Pfanne geben und vermischen. Die Masse auf 4 Kalbsschnitzel streichen, die Fleischränder mit verrührtem Eigelb bestreichen und die Füllung mit einem weiteren Schnitzel bedecken. Mit Zahnstochern feststecken.
Die gefüllten Schnitzel im Mehl wenden und auf beiden Seiten in Butterschmalz ca. 15 Minuten bei kleiner Hitze goldbraun braten.

Grzbiet prosięci

GEBRATENER SPANFERKELRÜCKEN

FÜR 8-10 PERSONEN

1 Spanferkelrücken
Salz
Weißer Pfeffer aus der Mühle
1/2 Tl Pimentpulver
1/2 Tl Kümmelpulver
3 El Honig
5 Zwiebeln, geschält, in Stücke geschnitten
3 El Butterschmalz
125 ml Fleischbrühe

Den Spanferkelrücken mit den Gewürzen und dem Honig gründlich einreiben. Die Fettpfanne mit Butterschmalz bestreichen und den Spanferkelrücken mit der Schwartenseite nach unten auflegen, mit den Zwiebeln umlegen. Den Backofen auf 180 °C vorheizen und das Fleisch in den Backofen schieben.
Ca. 1 1/2 Stunden braten. Hin und wieder wenden und mit der Fleischbrühe, später mit dem Bratensaft, begießen.
Aus dem Ofen nehmen, in Portionen schneiden, mit Kartoffelknödel und Sauerkraut servieren.

Krucha pieczeń wieprzowa z jabłkami i śliwkami

MÜRBER SCHWEINEBRATEN MIT ÄPFELN UND PFLAUMEN

FÜR 4 PERSONEN

750 g Schweinebraten
1 Tl Majoran, getrocknet
1 Prise Zucker
Salz
Schwarzer Pfeffer aus der Mühle
2 El Öl
3 El Butterschmalz
3 Zwiebeln, gewürfelt
250 ml Gemüsebrühe
3 Äpfel, geschält und in Spalten geschnitten
100 g Trockenpflaumen, gewürfelt

Den Schweinebraten in eine Schüssel legen. Die Gewürze mit dem Öl vermischen, den Schweinebraten damit gut einreiben. Die Schüssel abdecken und über Nacht in den Kühlschrank stellen. Ab und zu den Braten wenden. Butterschmalz in einer Kasserolle erhitzen, die Zwiebeln dazugeben und leicht andünsten lassen. Den marinierten Braten in den Topf geben und von allen Seiten anbraten. Etwas Brühe angießen und den Deckel auflegen. Auf kleiner Flamme ca. 2 Stunden schmoren, dabei immer wieder den Braten begießen. Zuerst mit der Brühe, später mit dem Bratensaft.

45 Minuten vor Ende der Garzeit die Äpfel und die Pflaumen dazugeben und mit schmoren.

Das Fleisch aus dem Fond heben und abgedeckt ruhen lassen. Einige Fruchtstückchen aus der Soße heben und beiseite stellen. Die Soße mit dem Stabmixer aufschlagen und dadurch binden. Die Fruchtstückchen wieder in die Soße geben. Den Braten in Scheiben schneiden und mit Soße begossen auftragen.

ADAMOWI
MICKIEWICZOWI
NARÓD

Wild und Geflügel

Wild und Geflügel

Die polnischen Wälder sind bekannt für ihren Wildreichtum. Die Fülle des Wildbrets hat über die Jahrhunderte zu vielen verschiedenen Zubereitungsarten geführt, die ich Ihnen in diesem Kapitel vorstellen möchte. Ob in Buttermilch gebeizt, in Essig eingelegt oder mit einer würzigen Marinade mürbe gemacht, die Vielfalt der Rezepte wird Sie überwältigen! Und ich kann Ihnen versprechen, dass die Palette der Wild- und Geflügelgerichte von deftig bis zart-aromatisch reicht.
Natürlich sind unsere Möglichkeiten, selbst auf die Jagd nach edlem Wild zu gehen, beschänkt. Doch das ausgezeichnete Angebot an Wild- und Geflügel stellt hierzulande niemanden vor ernste Schwierigkeiten beim Einkauf. Meist bieten die Händler Wild und Geflügel bereits küchenfertig an, was die weitere Zubereitung sehr erleichtert.

Kuropatwa nadziewana

GEFÜLLTER FASAN

FÜR 4 PERSONEN

1 Fasan (küchenfertig)
80 - 100 g fetter Speck in dünne Scheiben geschnitten
200 Kalbfleisch, gehackt
Leber und Herz des Fasans
1 Brötchen vom Vortag, eingeweicht und ausgedrückt
2 Eigelb
Weißer Pfeffer aus der Mühle
Salz
1 El Petersilie, gehackt
Küchengarn und eine dicke Stopfnadel
4 El Butter
2 El Öl
1 El Speisestärke

Den Fasan waschen, innen gut trocken tupfen. Mit den Fingern Brustfleisch und Haut voneinander lösen. Die Speckscheiben unter die Haut schieben.
Das gehackte Kalbfleisch in eine Schüssel füllen. Leber und Herz klein schneiden, dazugeben. Das Brötchen zerrupfen und mit Eigelb, Pfeffer, Salz und Petersilie mischen. Zweimal durch die feine Scheibe des Fleischwolfs drehen. Dann die Masse in den Fasanenbauch füllen.
Den Fasan mit Küchengarn zunähen und die Beine an den Körper binden. Butter in einem kleinen Topf schmelzen, mit dem Öl vermischen und damit den Fasan einpinseln. Pfeffern, salzen, in einen großen Bräter setzen und für etwa 1 Stunde in den auf 180 °C vorgeheizten Backofen schieben. Während des Garens immer wieder mit etwas Bratensaft und heißem Wasser begießen. Den Fasan aus dem Topf heben, die Soße entfetten und gegebenenfalls mit Speisestärke binden. Auf einer Platte anrichten und servieren.

Potrawka z jelenia

HIRSCHRAGOUT

FÜR 4 PERSONEN

750 g Hirschfleisch

Für die Beize:
125 ml Essig
300 ml Wasser
100 g Knollensellerie, geschält, grob gewürfelt
1 Tl Wacholderbeeren, im Mörser zerstoßen
2 Lorbeerblätter

Zum Braten:
Schwarzer Pfeffer aus der Mühle
Salz
2 El Mehl
1 Zwiebel, geschält, gewürfelt
2 Äpfel, geschält, gewürfelt
1 Zweig Rosmarin
125 ml Rotwein
125 ml Brühe
4 El saure Sahne

Das Hirschfleisch von Häuten und Sehnen befreien, in Würfel schneiden und in eine flache Schale füllen. Die Zutaten für die Beize in einen Topf füllen, aufkochen, abkühlen lassen und über das Fleisch gießen. Für ca. 2 Stunden das Fleisch in der Beize lassen.

Nach Ablauf der Marinierzeit das Fleisch aus der Beize heben, trocken tupfen, pfeffern, salzen und in Mehl wenden. Das Fett in einer Kasserolle erhitzen und das Fleisch von allen Seiten anbraten. Zwiebel, Äpfel und Rosmarin zugeben. Mit dem Rotwein ablöschen und bei kleiner Flamme 1 $^1/_2$ Stunden köcheln. Wenn zu wenig Flüssigkeit im Topf ist, mit heißer Brühe auffüllen. Zum Schluss den Rosmarin aus der Soße nehmen, die saure Sahne unterziehen und mit Pfeffer und Salz abschmecken.

Zum Hirschragout passen selbstgemachte Bandnudeln (siehe Seite 72).

Królik w śmietanie z boczkiem

KANINCHEN IN SPECKSOSSE

FÜR 4 PERSONEN
1 Kaninchen, küchenfertig ohne Kopf
Für die Beize: *500 ml Buttermilch* *5 Wacholderbeeren, zerstoßen* *3 Lorbeerblätter, zerbröselt* *1 Tl Pfefferkörner*
Zum Braten: *Schwarzer Pfeffer aus der Mühle* *Salz* *200 g geräucherter Speck, in feine Würfel geschnitten* *2 El Öl* *1 Zwiebel, gewürfelt* *200 ml Sahne*

Das Kaninchen waschen, trocken tupfen und in 6 Teile schneiden. (2 Keulen, 2 Läufe, 2 Rückenstücke). In eine flache Schale legen. Aus Buttermilch, Wacholderbeeren, Lorbeerblättern und Pfefferkörnern eine Marinade rühren. Über die Kaninchenteile gießen und für 24 Stunden darin marinieren.

Das Fleisch aus der Marinade heben, grob mit einem Löffel die Gewürze abschaben und mit Pfeffer und Salz würzen. Die Marinade durch ein Sieb gießen und auffangen.

Den Speck mit dem Öl in einen Bräter geben und anbraten. Die Kaninchenteile mit der Zwiebel zufügen, ebenfalls anbräunen. Mit einem Esslöffel etwas von der Marinade dazugeben. Alles 1 Stunde schmoren.

Die Kaninchenteile aus der Soße heben. Die Soße mit der Sahne auf- und einkochen lassen. Wenn die Soße die richtige Konsistenz hat, die Kaninchenteile in der Soße erwärmen. Mit Kartoffelpüree und Rote Bete Salat servieren.

Kurczak w sosie pomarańczowym

HÄHNCHEN IN ORANGENSOSSE

FÜR 4 PERSONEN

2 Hähnchen, küchenfertig
Salz
Weißer Pfeffer aus der Mühle
Abgeriebene Schale von der unbehandelten Orange
1 El Butter
1 El Mehl
3 El Butter
2 El Öl
1 El Salbei, gehackt
125 ml Orangensaft
4 El gehackte Mandeln
2 cl Orangenlikör
1 Orange, unbehandelt in Scheiben geschnitten

Die Hähnchen waschen und in Hälften schneiden. Mit Salz, Pfeffer und der abgeriebenen Orangenschale einreiben. Für 1 Stunde ruhen lassen. Den Esslöffel Butter mit dem Mehl vermischen, im Kühlschrank aufbewahren.
Butter und Öl in einem großen Bräter erhitzen, die Hähnchenhälften mit der aufgeschnittenen Seite nach unten in das heiße Fett setzen, mit dem gehackten Salbei anbraten und etwas Orangensaft angießen. Die gehackten Mandeln darüber streuen.
Den Bräter für 40-45 Minuten in den auf 200 °C vorgeheizten Backofen stellen. Immer wieder mit dem Orangensaft begießen.
Die Hähnchenhälften nach Ende der Backzeit aus dem Bräter heben. Unter Alufolie warm halten. Die Soße aufkochen, die Mehlbutter einrühren und mit Orangenlikör abschmecken.
Den Rand einer Servierplatte mit Orangenscheiben dekorieren, die Hähnchenhälften darauf anrichten und mit einem Teil der Orangensoße begießen. Restliche Soße separat dazu reichen. Mit Reis auf den Tisch bringen.

Wątróbka z indyka z cebula

PUTENLEBER MIT ZWIEBELN

FÜR 4 PERSONEN

500 g Putenleber
1 große Zwiebel
Weißer Pfeffer aus der Mühle
1 Tl Salbei, gehackt
1 Tl Thymianblättchen
3 El Butterschmalz
Salz

Die Putenleber von Häutchen und Sehnen befreien. Die Zwiebel schälen und in feine Ringe schneiden. Die Leber mit Pfeffer, Salbei und Thymian würzen.
Butterschmalz in einer großen Pfanne erhitzen. Zuerst die Leber darin anbraten. Die Zwiebel zufügen und alles unter Wenden ca. 10 Minuten braten. Kurz vor Ende der Bratzeit salzen.
Dazu passt ein sahniges Kartoffelpüree.

1.50
Gloster
1.50
3kg - 4.00

Kaczka z jabłkami i szałwia

ENTE MIT SALBEI UND ÄPFELN

FÜR 4 PERSONEN

1 Ente (vorzugsweise ein Erpel, der ist größer)
Salz
Weißer Pfeffer aus der Mühle
1 Tl Majoran, getrocknet
1 Tl Salbei, gehackt
5 Äpfel, geschält, ohne Kerngehäuse in Schnitze geschnitten
2 El Honig
3 El Butterschmalz
Holzzahnstocher

Die Ente waschen, trocken tupfen, innen mit Salz, Pfeffer und je einem halben Teelöffel Majoran und Salbei würzen. Die Apfelschnitze von 3 Äpfeln in die Ente füllen. Die Ente mit einigen Holzzahnstochern verschließen.

Die Außenhaut mit Honig bepinseln, pfeffern und salzen, mit dem restlichen Majoran und Salbei bestreuen.

Butterschmalz in einem Bräter erhitzen, die Ente mit der Brust nach oben in den Topf legen und ca. 1,5 Stunden braten. Immer wieder mit dem austretenden Fett beträufeln.

Nach der Bratzeit die Ente aus dem Bräter heben. Die Bratensoße entfetten und die restlichen Äpfel in der Soße anschmoren. Die Ente auf einer Platte mit den geschmorten Äpfeln und der Soße anrichten. Dazu schmecken Rotkohl und Kartoffelknödel.

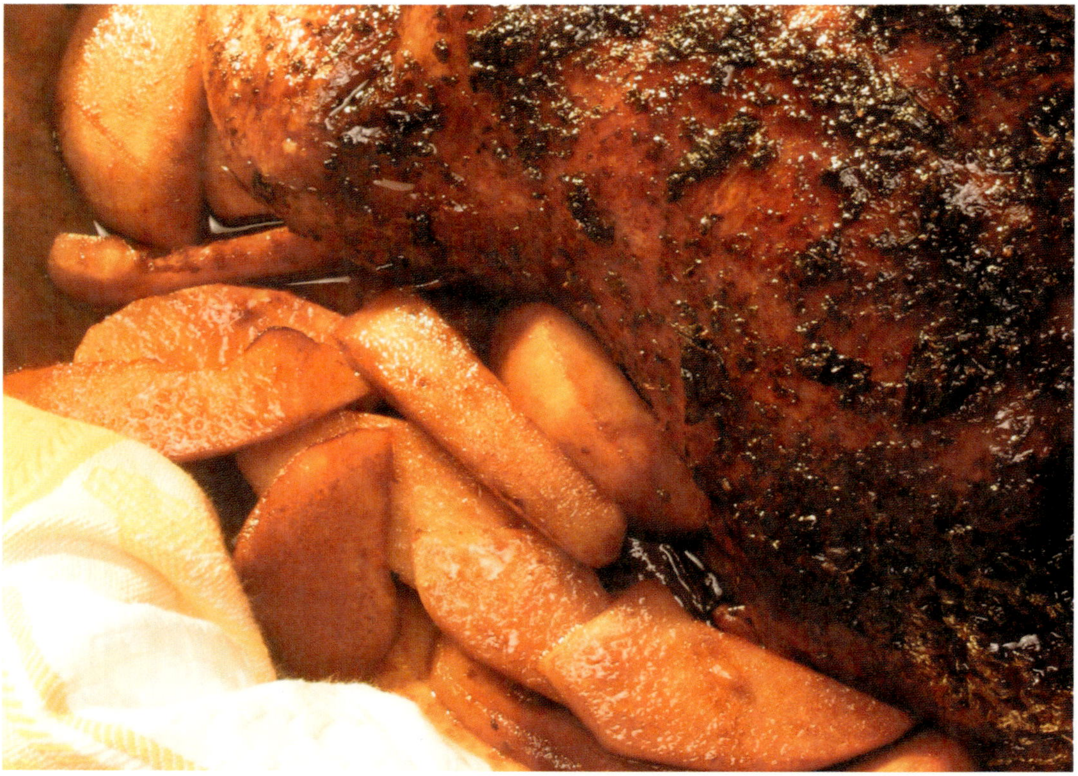

Kaczka nadziewana po polsku

GEFÜLLTE GANS NACH POLNISCHER ART

FÜR 4 PERSONEN

1 junge Gans, küchenfertig
4 Gänselebern
2 Zwiebeln, fein gewürfelt
2 El Butter
1 El gehackte Salbeiblättchen
Schwarzer Pfeffer aus der Mühle
3 El Honig
Salz
5 El Butterschmalz

Für die Füllung:
3 Äpfel, geschält und in Schnitze geschnitten
1 El Zitrone
4 El Rosinen (über Nacht in 125 ml Portwein eingelegt)
2 Brötchen vom Vortag, in Milch eingeweicht
3 El glatter Petersilie
Salz
2 Eier
Muskatnuss, frisch gerieben

Küchengarn und 1 dicke Stopfnadel
Heißes Wasser zum Angießen

Die Gans waschen, innen gut trocken tupfen. Die Gänselebern in kleine Stücke schneiden und mit den Zwiebeln in der Butter braten. Mit Salbei und Pfeffer würzen. Beiseite stellen.

Nun bereiten wir die Füllung zu:

Die geschälten Äpfel mit Zitronensaft beträufeln, die Rosinen aus dem Portwein heben und mit den eingeweichten, ausgedrückten Brötchen zu den Äpfeln in eine Schüssel geben. Mit Petersilie, Salz, Eiern, Pfeffer und Muskatnuss würzen und mit den Händen gut vermischen. Es muss eine kompakte Masse entstehen. Diese Mischung in den Gänsebauch füllen und ihn mit Küchengarn zunähen.

Die Gans außen mit Honig bepinseln, pfeffern und salzen. Butterschmalz erhitzen, einen Teil über die Gans träufeln und das Geflügel für 2 Stunden in den auf 190 °C vorgeheizten Backofen stellen. Während des Bratens immer wieder mit ausgetretenem Fett und heißem Wasser begießen.

Nach Ablauf der Garzeit die Gans aus dem Ofen holen, auf einer großen Platte anrichten und mit Kartoffelknödeln, Rotkohl und der entfetteten Bratensoße servieren.

Kuropatwa w śmietanie z borówkami

REBHÜHNCHEN IN PREISELBEERSAHNE

FÜR 4 PERSONEN

4 Rebhühner, küchenfertig
1 Tl Wacholderbeeren, im Mörser zerdrückt
Salz
Schwarzer Pfeffer aus der Mühle
4 El Butterschmalz
1 El Speisestärke
200 ml saure Sahne
4 El Preiselbeerkonfitüre

Die gewaschenen Rebhühner innen und außen mit einem Teil der Wacholderbeeren, Salz und Pfeffer einreiben. Butterschmalz in einem großen Bräter erhitzen und die Hühner von allen Seiten anbraten. Den Bräter in den auf 180 °C vorgeheizten Backofen stellen und für 45 Minuten braten. Die Rebhühner aus dem Bräter heben, halbieren und warm stellen.
Den Bratensatz mit etwas Wasser loskochen, mit Speisestärke binden und die saure Sahne mit der Preiselbeerkonfitüre unterziehen. Abschmecken und die Rebhühnchen mit der Soße servieren.

Szyjka gęsia nadziewana

GEFÜLLTER GÄNSEHALS

FÜR 4 PERSONEN

Gefüllter Gänsehals ist bekannt aus der jüdischen Küche. Er ist üppig gefüllt und kann gebraten oder gekocht zubereitet werden. Hier die polnische Variante, bei der der Gänsehals mit Speck zubereitet wird.

1 Gänsehals
1 Möhre, geschält in groben Stücken
1 Stange Porree, geputzt in groben Stücken
1 Petersilienwurzel, geschält in groben Stücken
2 Lorbeerblätter
3 El Gänseschmalz
1 Zwiebel, fein gewürfelt
100 g Gänseleber, fein gewürfelt
1 Gänseherz, fein gewürfelt
150 g Kalbfleisch, in kleine Würfel geschnitten
80 g geräucherter Speck, in Würfel geschnitten
1 Brötchen vom Vortag, eingeweicht und ausgedrückt
2 Eier
Schwarzer Pfeffer aus der Mühle
Salz
1 Msp. Piment, gemahlen
Muskatnuss, frisch gerieben
Küchengarn

Den Gänsehals waschen und vorsichtig die Haut abziehen. Den Hals mit Möhre, Porree, Petersilienwurzel und den Lorbeerblättern in einem Liter Wasser weich kochen. Den Hals aus der Brühe heben, das Fleisch vom Knochen lösen und in eine Schüssel füllen.

Gänseschmalz in einer Pfanne erhitzen, darin die Zwiebel anbraten. Gänseleber, Gänseherz, Kalbfleisch und Speck zufügen und mitbraten. Pfanneninhalt abkühlen und zum Gänsefleisch in die Schüssel füllen. Mit dem zerrupften Brötchen, den Eiern und allen Gewürzen vermischen. Die Masse zweimal durch die feine Scheibe des Fleischwolfs drehen.

Den Gänsehals an einem Ende mit Küchengarn zubinden, die Fleischmasse einfüllen, das andere Ende ebenfalls zubinden und den Hals mehrmals einstechen.

Den gefüllten Gänsehals in die Gemüsebrühe geben und für 45 Minuten auf kleiner Flamme köcheln lassen. Nach Ablauf der Garzeit den Gänsehals aus der Brühe heben, schräg in Scheiben schneiden und mit knusprig gebratenen Kartoffeln anrichten.

Pasztet z zajaca

FEINE HASENPASTETE

FÜR 4 PERSONEN

2 Hasenkeulen
200 g Schweinefleisch
2 El Butterschmalz
250 g Kalbsleber
15 g getrocknete Steinpilze, in Wasser eingeweicht
1 Brötchen vom Vortag, in Milch eingeweicht
2 Eigelb
2 El saure Sahne
Salz
Weißer Pfeffer aus der Mühle
1 Msp. Piment, gemahlen
1 Packung Blätterteig aus der Tiefkühltruhe
Eiweiß zum Bestreichen

Die Hasenkeulen vom Knochen lösen und in feine Würfel schneiden. Die Fleischwürfel in der Pfanne in Butterschmalz anbraten. Das Schweinefleisch ebenso klein schneiden. Nach dem Anbraten in eine Schüssel füllen.

Die Kalbsleber fein würfeln und mit den ausgedrückten, klein geschnittenen Steinpilzen, dem ausgedrückten Brötchen, den Eigelb und der Sahne zu den Fleischwürfeln geben und gut vermischen. Mit den Gewürzen kräftig abschmecken und zweimal durch die feine Scheibe des Fleischwolfs drehen.

Eine Springform mit Blätterteig auslegen, den Rand hochziehen. Die Fleischmischung einfüllen und glatt streichen. Den Teigrand auf die Fleischfüllung legen, mit Eiweiß bestreichen und mit einem Blätterteigdeckel, der in der Mitte ein rundes Loch haben sollte, belegen. Durch das Loch kann die Kochfeuchtigkeit verdampfen. Die Pastete in den Backofen schieben und bei 180 °C für 1 Stunde abbacken. Wenn der Teig zu braun wird, mit Alufolie abdecken. Nach Ablauf der Backzeit aus dem Ofen nehmen und lauwarm mit einem kühlen Weißwein servieren.

Gemüse

Gemüse

Die polnische Küche verarbeitet ausschließlich heimisches Gemüse. Und da in Deutschland und in Polen nahezu die gleichen Sorten angebaut werden, tauchen in meinen Rezepten nur Gemüsesorten auf, die auch bei uns wachsen und in der jeweiligen Saison preiswert erhältlich sind.
Die Polen lieben Pilze über alles. Wenn in Rezepten verschwenderisch mit Steinpilzen, Pfifferlingen und Reizker umgegangen wird, liegt es daran, dass man in der polnischen Küche gewöhnt ist bei Pilzen aus dem Vollen zu schöpfen, denn in den riesigen Wäldern finden sich davon reichlich.
Die folgenden Pilzrezepte können auch mit bei uns heimischen und erschwinglichen Pilzen gekocht werden.

Prawdziwki smażone

GEBRATENE STEINPILZE

FÜR 4 PERSONEN

500 g Steinpilze
(wahlweise Champignons)
3 El Butter
1 kleine Zwiebel, fein gewürfelt
Salz
Schwarzer Pfeffer aus der Mühle
2 El glatte Petersilie, fein gehackt

Die Pilze mit einem Pinsel von Erde befreien. Die Stängel sauber abschneiden. Pilzköpfe in feine Scheiben schneiden. Butter in einer Pfanne erhitzen; sie darf nicht braun werden. Darin die Zwiebel anbraten. Wenn sie eine feine braune Farbe hat, die Pilze dazugeben. Alles bei mittlerer Hitze schmoren.
Wenn die Pilze weich sind, mit Pfeffer, Salz und Petersilie würzen.
Dazu schmecken frische Bandnudeln.

Pieczarki nadziewane zapiekane

GEFÜLLTE CHAMPIGNONS

FÜR 4 PERSONEN

8 große weiße Champignons
3 El saure Sahne
2 Scheiben gekochter Schinken, gewürfelt
1 El Petersilie, gehackt
Salz
Weißer Pfeffer aus der Mühle
Muskatnuss, frisch gerieben
Fett für die Form
3 El geriebener Ziegenkäse

Die Champignons putzen und die Stiele herausdrehen. Die Sahne mit Schinkenwürfeln, Petersilie, Salz, Pfeffer und Muskatnuss vermischen.
Die Mischung in die Champignonköpfe füllen. Die gefüllten Champignons in eine gebutterte Form setzen, mit dem Käse bestreuen und im Backofen bei 190 °C 15 Minuten überbacken. Mit Weißbrot und einem kühlen Glas Rosé reichen.

Kapusta Czerwona

ROTKOHL

FÜR 4 PERSONEN

1 mittelgroßer Rotkohl
3 El Gänseschmalz
1 Zwiebel, gewürfelt
2 säuerliche Äpfel, geschält, gewürfelt ohne Kerngehäuse
3 Wacholderbeeren, im Mörser zerdrückt
2 Gewürznelken
2 Lorbeerblätter
Salz
Schwarzer Pfeffer aus der Mühle
125 ml Rotwein
1 Tl Zucker
1 El Essig

Den Rotkohl vierteln und mit einem scharfen Messer in feine Streifen schneiden. Das Gänseschmalz in einem großen Topf erhitzen, darin die Zwiebel mit den Äpfeln anbraten. Den Rotkohl mit allen Gewürzen zufügen und mit den Zwiebeln und Äpfeln gut vermischen. 10 Minuten bei mittlerer Hitze dünsten. Den Rotwein angießen und den Kohl für 1 Stunde im geschlossenen Topf köcheln lassen. Mit Zucker und Essig abschmecken und zu Gans oder Ente servieren.

Brukselka z kasztanem jadalnym

ROSENKOHL MIT MARONEN

FÜR 4 PERSONEN

1 kg Rosenkohl
500 g Maronen
3 El Butter
Salz
Weißer Pfeffer aus der Mühle

Den Rosenkohl von unschönen Blättchen befreien, das Strunkende begradigen und kreuzweise einschneiden.

Die Maronen an der spitzen Seite kreuzweise einschneiden und für 10 Minuten in Wasser kochen. Möglichst heiß schälen und die dünnen Häutchen entfernen.

Den Rosenkohl in Salzwasser in ca. 15 Minuten bissfest garen. Das Wasser abgießen. Die Butter zum Rosenkohl geben und im geschlossenen Topf durch Rütteln verteilen. Die Maronen dazugeben und mit etwas Pfeffer würzen.

Das ist eine schöne Beilage zum Schweinebraten.

Fasola z boczkiem

DICKE BOHNEN MIT SPECK

FÜR 4 PERSONEN

2 kg Dicke Bohnen in der Schale
1 Sträußchen Bohnenkraut
200 g Räucherspeck, in Würfel geschnitten
1 Zwiebel, geschält und gewürfelt
Salz
Weißer Pfeffer aus der Mühle

Die Bohnen aus der Schale pulen. In Salzwasser mit der Hälfte vom Bohnenkraut 15 Minuten weich kochen. Bisstest machen.

Den Speck in einer Pfanne auslassen. Im austretenden Fett die Zwiebel anrösten. Das restliche Bohnenkraut klein schneiden und dazugeben. Mit wenig Salz und reichlich Pfeffer würzen.

Nach Ablauf der Garzeit die Bohnen abgießen, in die Pfanne geben und mit den anderen Zutaten vermischen. Diese herzhaften Bohnen schmecken sehr gut zu schlichten Salzkartoffeln.

R. Kirstein '90

Cebula w talarkach w chrupiącym cieście

ZWIEBELRINGE IM KNUSPERTEIG

FÜR 4 PERSONEN

3 Gemüsezwiebel
200 g Mehl
3 Eier
3-4 El Sahne
Salz
Weißer Pfeffer aus der Mühle
Fett zum Frittieren

Die Gemüsezwiebeln schälen und in dicke Scheiben schneiden.
Aus Mehl, Eiern, Sahne Salz und Pfeffer im Mixer einen dickflüssigen Teig machen. Mit der Zugabe der Sahne vorsichtig sein, damit der Teig nicht zu flüssig wird. Die Zugabe der Sahne hängt von der Größe der verwendeten Eier an. Das Fett in der Fritteuse erhitzen. Die Zwiebelringe in den Teig tauchen und im Fett goldbraun ausbacken. Zum Abtropfen auf einen Teller mit Küchenpapier legen.
Das ist eine herzhafte Knabberei zu einem kühlen Bier, die sich auch schön auf einer Partytafel macht.

Cebule nadziewane

GEFÜLLTE ZWIEBELN

FÜR 4 PERSONEN

4 Gemüsezwiebeln
2 grobe Bratwürste
20 g getrocknete Steinpilze, eingeweicht und ausgedrückt
Salz
2 El Petersilie, gehackt
1 Msp. Cayennepfeffer
3 El geriebener Schafskäse
3 El saure Sahne
Fett für die Form

Die Gemüsezwiebeln schälen und einen Deckel abschneiden. Mit einem Löffel oder Kugelausstecher aushöhlen. Es sollte dabei eine dicke Außenwand stehen bleiben.
In siedendes Salzwasser tauchen und 5 Minuten garen. Herausheben.
Die Bratwürste aus ihrer Haut drücken und das Wurstbrät mit den Steinpilzen, Salz, Petersilie und Cayennepfeffer mischen. Die Zwiebeln trocken tupfen und mit der Masse füllen.
Eine Auflaufform ausbuttern und die gefüllten Zwiebeln hinein setzen.
Den Schafskäse mit der sauren Sahne mischen, je einen Klecks auf jede Zwiebel geben.
Im Backofen bei 190 °C 25-30 Minuten backen.

Fasolka zielona z czosnkiem

GRÜNE BOHNEN MIT KNOBLAUCH

FÜR 4 PERSONEN

500 g grüne Bohnen (Bobbybohnen)
2 Knoblauchzehen, gehackt
2 El Butter
1 El Bohnenkraut, gehackt
Salz
Weißer Pfeffer aus der Mühle

Die Enden der grünen Bohnen an beiden Seiten abschneiden. Dann die Bohnen in Salzwasser bissfest garen. Abgießen und mit Butter und Knoblauch vermischen. Mit Bohnenkraut, Salz und Pfeffer abschmecken.
Diese schmackhaften Bohnen passen gut zur gefüllten Kalbsbrust (siehe Seite 114).

Kalafior z masłem i tartą bułeczka

BLUMENKOHL MIT BUTTERBRÖSELN

FÜR 4 PERSONEN

1 Blumenkohl
Salz
3 El Butter
3 El Semmelbrösel
Weißer Pfeffer aus der Mühle

Den Blumenkohl von allen grünen Blättern befreien und waschen. Mit dem Strunk nach unten in reichlich Salzwasser 20 Minuten kochen. Abgießen und auf einer Platte anrichten. Die Butter in einer Pfanne erhitzen, die Semmelbrösel darin bräunen, mit Salz und Pfeffer abschmecken. Die gerösteten Semmelbrösel über den Blumenkohl streuen. Den Kohl wie einen Kuchen aufschneiden und servieren.
Tipp:
Mann kann den Blumenkohl auch auf Röschen schneiden, im Salzwasser bissfest kochen und die Röschen in den gleichen Teig wie die Zwiebelringe (siehe 145) tauchen. In heißem Fett ausgebacken schmecken sie einfach himmlisch!

Kapusta włoska w śmietanie pomidorowej

WIRSING IN TOMATENSAHNE

FÜR 4 PERSONEN

1 Wirsingkohl
1 Zwiebel, gewürfelt
2 El Butterschmalz
3 Tomaten, gehäutet, ohne Kerne
1 Apfel, geschält und gewürfelt
4 El saure Sahne
1 Tl Speisestärke
Salz
Weißer Pfeffer aus der Mühle
1 Prise Zucker

Den Wirsing putzen, in feine Streifen schneiden, waschen und gut abgetropft mit der Zwiebel im Butterschmalz anbraten. Tomaten und Apfel zufügen, 1 Tasse Wasser angießen und im geschlossenen Topf 45 Minuten schmoren. Die saure Sahne mit der Speisestärke vermischen, zum Wirsing geben und mit Salz, Pfeffer und einer Prise Zucker abschmecken.
Das Wirsinggemüse passt sehr gut zu kurzgebratenem Fleisch.

Kapusta kiszona ze śliwkami

SAUERKRAUT MIT PFLAUMEN

FÜR 4 PERSONEN

500 g Sauerkraut
1 kleine Zwiebel
2 El Butterschmalz
20 g getrocknete Steinpilze, eingeweicht und ausgedrückt
50 g getrocknete Pflaumen
Salz
Weißer Pfeffer aus der Mühle
1 Msp. Piment, gemahlen
1 Msp. Gewürznelken, gemahlen
150 ml lieblicher Weißwein

Das Sauerkraut waschen, ausdrücken und klein schneiden. Die Zwiebel würfeln und in Butterschmalz anbraten. Das Sauerkraut zufügen und 15 Minuten schmoren. Die eingeweichten Pilze und die Backpflaumen in feine Würfel schneiden und zum Sauerkraut geben. Die Gewürze dazugeben und mit dem Weißwein aufgießen. Zugedeckt für 1 Stunde auf kleiner Flamme köcheln lassen. Wenn zu wenig Flüssigkeit im Topf ist, mit etwas heißem Wasser auffüllen. Das Sauerkraut mit einem sahnigen Kartoffelpüree und Bratwurst servieren.

Gołąbki nadziewane łososiem

KOHLROULADEN MIT FEINER LACHSFÜLLUNG

FÜR 4 PERSONEN

1 Wirsing
1 Brötchen vom Vortag, in Milch eingeweicht und ausgedrückt
200 g frische Champignons
2 Eier, getrennt
3 El Petersilie, gehackt
Salz
Weißer Pfeffer aus der Mühle
Muskatnuss, frisch gerieben
300 g Lachsfilet, in feine Scheiben geschnitten
200 ml Sahne
100 ml Gemüsebrühe
Fett für den Topf

Den Wirsing in einzelne schöne Blätter zerlegen und waschen. In kochendem Salzwasser 5 Minuten blanchieren. Aus dem Wasser heben und gleich in Eiswasser tauchen, so behält er seine schöne grüne Farbe. Die Kohlblätter abtrocknen und die Blattrippen mit einem scharfen Messer glatt schneiden. Beiseite stellen. Für die Füllung das Brötchen und die Champignons fein hacken. Mit Eigelb, Petersilie, Salz, Pfeffer und Muskatnuss vermischen. Das Eiweiß sehr steif schlagen und unter die Mischung ziehen.

Die Wirsingblätter auf der Arbeitsfläche ausbreiten, mit je einer Scheibe Lachs belegen und je einen Esslöffel Füllung darauf setzen und verstreichen. Die Ränder vom Wirsing nach innen schlagen und die Blätter zu Rouladen aufrollen. Es sollten kleine kompakte Röllchen werden.

Die restlichen Blätter in feine Streifen schneiden. In einem Topf etwas Butterschmalz erhitzen, Topfboden und Wände mit Butterschmalz bepinseln. Die Kohlstreifen einfüllen und die Röllchen darauf verteilen. Sahne mit Gemüsebrühe vermischen, mit Salz, Pfeffer und frisch geriebenem Muskat abschmecken, über die Röllchen gießen und bei kleiner Flamme 50 Minuten zugedeckt dünsten. Noch heiß auf Tellern anrichten und mit kleinen Salzkartoffeln zu Tisch bringen

Marchew tarta zapiekana

MÖHRENMUS GRATINIERT

FÜR 4 PERSONEN

1 kg Zuckermöhren
2 El Butter
1 Ei
2 El Petersilie, gehackt
1 gute Prise Zucker
Salz
Weißer Pfeffer aus der Mühle
150 ml süße Sahne
2 El zerlassene Butter

Die Möhren schälen, in kleine Stücke schneiden und mit der Butter und 3 Esslöffeln Wasser weich dünsten. Mit dem Stabmixer pürieren. Das Ei untermischen und mit Petersilie, Zucker, Salz und Pfeffer abschmecken. Die Sahne halbsteif schlagen und unter das Püree ziehen.
In eine gebutterte Auflaufform füllen und mit einem Löffel drei Zipfel ziehen.
Mit der zerlassenen Butter beträufeln und im auf 200 °C vorgeheizten Backofen für 20 Minuten überbacken.

Seler w plastrach z tartą bułeczką z serem

SELLERIESCHEIBEN IM KÄSEMANTEL

FÜR 4 PERSONEN

1 Knollensellerie
2 Eier
4 El Semmelbrösel
4 El geriebener Käse
Salz
Schwarzer Pfeffer aus der Mühle
Fett zum Ausbacken

Den Sellerie schälen, in 2 cm dicke Scheiben schneiden und in kochendem Salzwasser 5 Minuten blanchieren. Aus dem Wasser heben und beiseite stellen.
Die Eier auf einem Teller verquirlen. In einer flachen Schale die Semmelbrösel mit Käse, Salz und Pfeffer vermischen.
Die Sellerieschreiben erst im Ei wälzen, dann mit einer Gabel in den Käsesemmeln wenden.
Fett in einer Pfanne erhitzen und die Sellerieschreiben von beiden Seiten goldbraun braten.
Auf einer Platte, die mit Salatblättern ausgelegt ist, anrichten.
Mit Preiselbeerkonfitüre reichen.

Sałatka z buraków

ROTE-BETE-SALAT MIT KÜRBISKERNÖL

FÜR 4 PERSONEN

3 Rote Bete
Salz
Schwarzer Pfeffer aus der Mühle
3 El Sherry-Essig
3 El Kürbiskernöl
2 El Petersilie, gehackt

Die Rote Bete ungeschält mit Blüte und Wurzel in Salzwasser 40-50 Minuten kochen. Die Haut muss unverletzt sein, damit sie nicht ausblutet. Mit kaltem Wasser abschrecken und schälen. Noch warm in feine Stifte schneiden.

Aus Salz, Pfeffer und Essig ein Dressing rühren. Das Salz sollte sich ganz auflösen. Jetzt erst das Kürbiskernöl untermischen.

Die Salatsoße mit den lauwarmen Rote Bete Streifen vermischen und die Petersilie einrühren.

Dieser Salat passt wunderbar zur feinen Hasenpastete (siehe Seite 137).

Tipp:

Beim Schälen der Roten Bete sollten Sie Gummihandschuhe tragen. Das Gemüse färbt so intensiv, dass die Hände einen Rotstich bekommen, der einige Stunden hält.

Desserts

Desserts

Oftmals sind süße Gerichte in Polen komplette Hauptgerichte. Darum sind die Mengenangaben für 4 Personen als Hauptgericht berechnet. Bereiten Sie das Dessert ruhig nach Rezeptangabe zu. Sie werden mit Erstaunen feststellen, dass von der üppigen Menge nichts übrig bleibt!

Naleśniki z jabłkami z patelni

APFELKÜCHLEIN

FÜR 4 PERSONEN

6 El Weizenmehl
2 El Zucker
½ Tl Zimt
2 Eier
5 El saure Sahne
1 El Rosinen
2 Äpfel geschält, in feine Spalten geschnitten
3 El Butter für die Pfanne

Das Mehl mit Zucker und Zimt vermischen. Die Eigelb mit der sauren Sahne einrühren. Es sollte ein dickflüssiger Teig entstehen. Rosinen und Apfelspalten zufügen.

Das Eiweiß sehr steif schlagen und ebenfalls unter den Teig heben.

Etwas Butter in einer kleinen Pfanne zerlassen. Mit einem Esslöffel kleine Teigmengen in das heiße Fett geben. Von beiden Seiten goldbraun backen. So den ganzen Teig verarbeiten. Es sollten 12-14 Küchlein werden. Auf einer Platte anrichten und mit Zucker bestreuen.

Krem z białego wina

WEISSWEINCREME

FÜR 4 PERSONEN

250 ml lieblicher Weißwein
5 Eigelb
10 El Puderzucker
125 ml Sahne
1 Tl Vanillezucker

Den Weißwein erhitzen, aber nicht kochen. Die Eigelb mit Puderzucker cremig aufschlagen. Den Weißwein langsam dazu gießen und im Wasserbad so lange schlagen, bis eine dicke Creme entsteht. In Cocktailschalen gießen. Die Sahne mit Vanillezucker aufschlagen und kleine Tupfen davon auf die noch warme Creme setzten. Schnell servieren.

Knedle śliwkowe z tartą bułeczką

PFLAUMENKNÖDEL MIT BUTTERBRÖSELN

FÜR 4 PERSONEN

1 kg Kartoffeln
300 g Mehl
1 Ei
Salz

Für die Füllung:
500 g getrocknete Pflaumen
1 Päckchen Würfelzucker
4 El Butter
3 El Semmelbrösel
Puderzucker

Die Kartoffeln schälen, kochen und noch warm durch den Fleischwolf drehen. Mit Mehl, Ei und Salz vermischen. Den Teig gut durchkneten und zu einer Rolle formen die 2 cm Durchmesser hat.

In 3 cm breite Stücke schneiden und flach drücken. Eine Pflaume in die ein Stück Würfelzucker gesteckt wurde, mit dem Teig umhüllen und zu einem Knödel formen. Auf diese Weise den ganzen Teig verarbeiten. Die Knödel in siedendes Salzwasser geben. Wenn sie nach oben steigen, mit dem Schaumlöffel herausheben.

Die Butter in einer kleinen Pfanne aufschäumen und die Semmelbrösel dazugeben. Die fertigen Knödel darin wälzen. Mit Puderzucker bestreuen und anrichten.

Knedle z twarogu nadziewane

GEFÜLLTE QUARKKNÖDEL

FÜR 4 PERSONEN

400 g Quark
80 g Grieß
100 g Mehl
1 Ei
Salz
1 Tl Vanillezucker
Füllung
250 g Aprikosenkonfitüre
4 El Butter
3 El Semmelbrösel
Puderzucker

Den Quark in ein mit einem Tuch ausgelegten Sieb abtropfen lassen.

Den trockenen Quark mit Grieß, Mehl, Ei, Salz und Vanillezucker vermischen. Mit einem Esslöffel eine kleine Teigmenge abstechen und flach drücken. Auf den Teig einen Teelöffel Aprikosenkonfitüre geben und einen Knödel formen. Auf diese Weise den gesamten Teig verarbeiten.

Knödel in siedendem Salzwasser garen. Wenn sie an der Oberfläche schwimmen, mit einem Schaumlöffel herausheben.

Die Butter in einer kleinen Pfanne aufschäumen und die Semmelbrösel dazugeben. Die fertigen Knödel darin wälzen. Mit Puderzucker bestreuen und anrichten.

Krążki z jabłek z cynamonem i cukrem

APFELRINGE MIT ZIMT UND ZUCKER

FÜR 4 PERSONEN

3 Eier
30 g Puderzucker
150 ml Sahne
150 g Mehl
1 Prise Salz
4 Äpfel
Fett zum Ausbraten
2 El Zucker
1 El Zimt

Die Eier trennen. Das Eigelb mit dem Zucker schaumig rühren, Sahne zufügen. Das Eiweiß steif schlagen und unter den Teig heben. Vorsichtig das gesiebte Mehl einarbeiten. Mit einer Prise Salz würzen.

Die Äpfel schälen, das Kerngehäuse entfernen und in Ringe schneiden.

In einer Pfanne reichlich Fett erhitzen. Die Apfelringe mit einer Gabel in den Teig tauchen und im Fett schwimmend ausbacken.

Die Apfelkringel auf einem Teller, der mit Küchenpapier ausgelegt ist, abtropfen lassen.

Zucker und Zimt mischen und über die noch warmen Apfelkringel streuen. Wer möchte, kann dazu Schlagsahne reichen.

Strudel makowy

MOHNSTRUDEL

Einen Mohnkuchen zu backen ist schwierig, weil der Mohn, der in den Läden angeboten wird, oft überlagert und dadurch bitter geworden ist. Eine echte Alternative ist ein Fertigprodukt eines bekannten Backzutatenherstellers. Es ist in einer Aluminiumtüte verpackt und schmeckt hervorragend. In diesem Rezept gehe ich vom Fertigprodukt aus.

Für den Teig:
500 g Mehl
250 ml lauwarme Milch
25 g Bierhefe
1 Ei
1 Eigelb
125 g Zucker
60 g Butter, geschmolzen
3 Tropfen Bittermandelaroma
1 Prise Salz
1 Tl Vanillezucker
Fett für die Backform
Eigelb zum Bestreichen
3 El Puderzucker, 1 El Zitronensaft für die Glasur

Für die Mohnfüllung:
250 g Mohn (Fertigprodukt)
150 g Zucker
2 El Butter
70 g Rosinen
100 g Marzipanmasse (Fertigprodukt)
1 Tl Vanillepulver
50 g gemahlene Mandeln
1 Eiweiß, steif geschlagen

Aus 150 g Mehl, 125 ml Milch, der Hefe und 1 El Zucker einen Hefevorteig ansetzen. An einem warmen Ort gehen lassen. Das Eigelb mit dem Ei und dem Zucker schaumig schlagen. Das restliche Mehl unterheben. Dem vorbereiteten Hefeteig eine Prise Salz und Milch zufügen. Alles zu einem glatten Teig verarbeiten der sich gut von den Händen löst. Nun die geschmolzene Butter und die restlichen Zutaten zufügen, unterkneten und den Teig nochmals gehen lassen.

Wenn der Teig sich verdoppelt hat, aus der Schüssel heben und auf der bemehlten Arbeitsfläche dünn ausrollen.

Für die Füllung alle Zutaten miteinander vermischen und dünn auf den Teig streichen.

Den Teig von der Schmalseite her aufrollen und in eine längliche Kastenform legen. Mit einem Tuch abdecken und erneut an einem warmen Ort gehen lassen.

Mit etwas Eigelb bestreichen und im vorgeheizten Backofen bei 190 °C 40-50 Minuten backen. Den Puderzucker mit dem Zitronensaft verrühren und den abgekühlten Strudel damit bestreichen.

Krem kawowy "Chopin"

KAFFEECREME CHOPIN

FÜR 4 PERSONEN

500 ml Sahne
100 g Kaffeebohnen
2 cl Mokkalikör
2 El Zucker
3 El geschmolzene Schokolade

Die Sahne mit den Kaffeebohnen aufkochen. Über Nacht im Kühlschrank abkühlen. Die Kaffeebohnen herausnehmen. Die Sahne mit Mokkalikör und Zucker aufschlagen.

Zum Schluss die geschmolzene Schokolade einrühren. In kleine Dessertschalen füllen und mit Kakao bestäubt eisgekühlt servieren.

Glossar

Glossar

Aceto Balsamico
Balsamessig wird aus dem Most süßer Trauben gewonnen. Der echte Balsamico wird oft jahrzehntelang in Holzfässern gelagert.

Aspik
Gelee, fest mit Durchblick auf die Einschlüsse bei Pasteten oder Sülzen. Wird aus Fleischbouillon oder Fischsud, der mit Gelatine versetzt wird, hergestellt.

Backhefe
Fleißiger einzelliger Sprosspilz, der unter zu Hilfenahme von Zucker, Teig hoch gehen lässt. Macht schwere Teige locker.

Backpflaumen
Getrocknete Pflaumen ohne Stein

Barschtsch
Kräftige Gemüsebrühe aus Roter Bete, Rote Rüben Sauer, Steinpilzen und Gewürzen.

Beize
Flüssigkeit aus verdünntem Essig, Gewürzen und Kräutern. Verleiht Wild- und Fleischgerichten eine aromatische Note, macht das Fleisch zarter.

Bigos
Deftiger Eintopf aus verschiedenen Fleisch- und Wurstsorten mit Wurzelgemüse. Ein typisches Essen für die kältere Jahreszeit.

Butterschmalz
Durch Ausschmelzen von Wasser und Käseteilen entsteht als reines Fett Butterschmalz.

Cayennepfeffer
Er wird aus einer roten Chilischote hergestellt, die angeblich aus Cayenne in Französisch-Guayana stammt. Dem handelsüblichen Cayennepulver werden oft noch andere Samen, Salz- und Gewürze zugegeben. Er ist sehr scharf und sollte sehr sparsam verwendet werden.

Cornichons
Feine, kleine Gürkchen, in sauer-würziger Marinade eingelegt.

Crème fraîche
Crème fraîche ist ein Sauermilchprodukt aus pasteurisierter Milch oder Sahne.

Dörrpflaumen
siehe Backpflaumen

Egerlinge
Wild wachsender Riesenchampignon

Erpel
Männliche Ente. Er ist größer und hat weniger Fett.

Fond
Grundbrühe die aus Knochen, Gemüse- oder Frischfischresten die in Wasser ausgekocht werden, zubreitet wird.

Forellenkaviar
Schmeckt angenehm kräftig, sieht sehr appetitlich aus. Er Stammt von den größeren Forellen und ist dem Lachskaviar geschmacklich ebenbürtig.

Gelatine
Wird hauptsächlich zum Verdicken von Aspik oder Gelees verwendet. In Brühe oder Saft aufgelöst verwandelt sie sich nach dem Abkühlen in eine schnittfeste Masse.

Ingwer
Asiatische Wurzel mit intensiv-scharfem Geschmack. Eignet sich zum Verfeinern von Soßen und herzhaften Gerichten. Regt die Gallentätigkeit an und erleichtert die Fettverbrennung.

Kapern
Kapern sind eine Strauchfrucht. Sie werden in Salzwasser oder Essig eingelegt. Kapern müssen bis zum endgültigen Verbrauch von der Lake bedeckt sein. Passen zu säuerlichen Soßen, Fischsalaten, Fleischspeisen und Kräuterquark.

Marinade
Marinaden aus Wein, Essig oder Fruchtsäften verleihen Fleisch, Fisch und Gemüse eine besondere Würze. Zusätzlich bleiben sie länger haltbar. Durch Zugabe von verschiedenen Gewürzen erreicht man wunderbare Aromen.

Maronen
Essbare Edelkastanie. Geröstet, gekocht und püriert zu verwenden.

Muskatnuss
Muskatnuss ist der getrocknete Samen der Frucht eines immergrünen in Südostasien beheimateten Baumes. Der Samen hat eine netzartige Schale (Mazis), die fälschlicherweise mit Muskatblüte bezeichnet wird. In Aroma und Geschmack sehr ähnlich, wird der Samen gerieben für süße Gerichte verwendet, während Muskatblüte für eingelegte und pikante Gerichte verwendet wird. Muskatnuss passt hervorragend zu Hackfleisch, Kartoffelpüree, Gemüse, Käsegerichten und Gebäck.

Nelken
Harte, getrocknete Blütenknospen, die ein sehr starkes Aroma haben. Sie enthalten ein essentielles Öl, das im Mundraum Entzündungen lindert. In der Küche eignet es sich für Braten-, Fisch- und Fleischmarinaden. Würzt Rotkohl und Kompott. Entfaltet sein Aroma in Glühwein oder Weihnachtsgebäck.

Öhrchen
Gefüllte Teigtäschchen, den italienischen Ravioli nicht unähnlich. Werden in Polen als Suppeneinlage verwendet.

Paprikapulver
Ein kräftig rotes Gewürzpulver, das aus verschiedenen Sorten von Paprikaschoten hergestellt wird. Bekannt als das Nationalgewürz Ungarns, doch auch in Spanien wird eine Variante hergestellt, die Pimentón heißt. Es wird zur Zubereitung von Gulasch, Soßen, Fleisch- und Hühnergerichten, Cremesuppen und Weichkäse verwendet.

Petersilienwurzel
Die unterirdisch wachsende Wurzel der Petersilie. Schmeckt pikant und verleiht Suppen und Eintöpfen ein frisches Aroma.

Piment
Beeren der Pfeffermyrthe. Ein hervorragender Muskatersatz. Wegen der vielen Aromen auch Allgewürz genannt. Der Duft erinnert an Nelken und Zimt.

Piroggen
Größere Teigtaschen, die süß oder pikant gefüllt eine vollständige Mahlzeit darstellen.

Rosinen
Getrocknete Weintrauben

Rote-Rüben-Sauer
Eine saure Würzsoße aus Rote Bete, warmem Wasser, Schwarzbrot und Knoblauch, die nach einem dreitägigen Gärprozess auf Flaschen gezogen und wie Essig verwendet wird.

Safran
Safran (eine Krokusart) ist das teuerste Gewürz der Welt. Für ein Pfund Safran müssen 100 000 Blütennaben gepflügt werden. Verwendung in er Küche findet er in der Bouillabaisse (Fischsuppe) und in der Paella. Er verleiht Reisgerichten einen aromatischen Duft und gibt den Gerichten eine sanfte gelbe Farbe.

Sardellenpaste
Paste aus kleinen, fetten Heringen. Diese werden über Monate in Salzlake eingelegt, püriert und in Tuben angeboten. Verleiht allen Gerichten einen pikanten Geschmack.

Siedfleisch
Das Fleisch wird mit Gemüse, Gewürzen und Brühe auf kleiner Flamme mürbe gekocht.

Soßenlebkuchen
Würziger Honigkuchen, der Speisen ein malzig-süßliches Aroma verleiht.

Tomatenmark
Mehrfaches Konzentrat aus ausgereiften Tomaten.

Register

Maggi
PRZYPRAWA
W PŁYNIE
Oryginalna
Maggi
W PŁYNIE
Oryginalna
od 1886 r.

Das Schwedische Kochbuch
ALEXANDER TÄNNDALEN
PETRA KNORR
KOMET
DAS TÜRKISCHE KOCHBUCH
NEVIN HALICI
KOMET
Das polnische Kochbuch
Petra Knorr
KOMET
Län
be
Das Griechische Kochbuch
Alexander Aspropoulos
Kiriaki Dimitriadou-Koch
KOMET
das jüdische kochbuch
Petra Knorr
KOMET

DAS RUSSISCHE KOCHBUCH
PETRA KNORR
KOMET
Das spanische Kochbuch
Petra Knorr
KOMET
derküche
KOMET
全家福平安
DAS ITALIENISCHE KOCHBUCH
Johannes Wirtz / Rino De Masi
KOMET
Das chinesische Kochbuch
Dr. Michael Vonau
Jing Zhao
KOMET